KURT TEPPERWEIN

MENSCHEN ERKENNEN

MENSCHEN VERSTEHEN

PRAKTISCHE CHARAKTERKUNDE

SILBERSCHNUR

ISBN 3-931 652-35-1

1. Auflage 1998
2. Auflage 2001
3. Auflage 2004

Covergestaltung: XPresentation, Boppard
Druck: Finidr, s.r.o. Cesky Tesin

Verlag »Die Silberschnur« · Steinstraße 1 · D-56593 Güllesheim

www.silberschnur.de
e-mail: info@silberschnur.de

Inhalt

Zur Geschichte der Menschenkenntnis

Das Thema Menschenkenntnis ist natürlich sehr alt.

Schon Hermes Trismegistos sagte: »Wie innen, so außen; wie im Größten, so im Kleinsten; wie im Kleinsten, so im Größten.«

Seit Sokrates (470 - 399 v. Chr.) ist Menschenkenntnis überliefert. Allerdings waren damals noch einige Irrtümer vorhanden.

Aristoteles ging schon über die Regeln der damals geltenden Temperamentenlehre hinaus. Vieles hat sich als irrig erwiesen, so z.B. der Vergleich: »Jemand sieht aus wie eine Taube, also muß er sanft sein«, oder: »Jemand sieht aus wie ein Esel, also muß er störrisch sein«.

Einer der bedeutendsten Männer, die sich mit dem Thema Physiognomik befaßt haben, war der Dominikanermönch, Bischof und Philosoph Albertus Magnus im 12. Jahrhundert, der Lehrer des heiligen Thomas von Aquin.

Lavater, ein Pfarrer und Philosoph zur Zeit Goethes, hat die Menschenkenntnis konkretisiert und den Grundstein zur heutigen Menschenkenntnis gelegt.

Ca. 1800 kam Franz-Joseph Gall mit seiner Phrenologie.

Carl Huter schrieb die Menschenkenntnis im Fundament nieder. Hätte er nicht alles zur Lehre erhoben und sich selbst in Frage gestellt, hätte er vieles mehr erkannt. Er war zu stolz, zuzugeben, daß er sich geirrt hatte, als er zehn Jahre später bemerkte, daß einige Dinge anders waren, als er erkannte.

Später kam Professor Kretschmer. Er hat eine große, umfangreiche Lehre hinterlassen.

Trotz der langen Geschichte wissen wir immer noch nicht alles. Es gibt immer wieder Signale, die man nicht deuten kann, bei denen man auf Intuition und Erprobung angewiesen ist.

Voraussetzungen für die Menschenkenntnis

Jede Aussage ist eine Wirkung und hat eine Ursache.
Jede Ursache will uns etwas sagen.

1. Richtiges Wahrnehmen von Signalen:
- der Körper lügt nicht, er spiegelt nur wider
- wir müssen lernen, richtig zu deuten, was der Körper widerspiegelt
- wir müssen die Zeichen kennenlernen

2. Aussagen
- es gibt keine guten oder schlechten Aussagen
- es gibt nur Aussagen

Beispiel: Ist jemand langsam, dann ist er meistens sehr gründlich. Das Positive dieser Aussage ist die Gründlichkeit, das Negative die Langsamkeit.

Hat jemand eine rasche Auffassungsgabe, ist er meistens auch oberflächlich, usw...

3. Einzelne Zeichen nicht überbewerten

4. Andere Zeichen beachten
- diese können die Aussage wieder entkräften
- oder steigern

Bedeutung der Menschenkenntnis

1. Kenntnis anderer
- wichtig im Berufsleben (z.B. für einen Personalchef)
- sowie privat (Freunde und Ehe)
- es zählt nicht das Gefühl für einen Menschen, sondern die richtige Beurteilung

2. Selbsterkenntnis

3. Durch Menschenkenntnis mehr Verständnis für andere
- man kann erkennen, was man von Mitmenschen verlangen kann
- man kann von anderen lernen

Schon der Säugling erkennt im Gesicht seiner Mutter, ob sie sich gerade geärgert hat oder ob sie sich ihm in Liebe zuwendet.

Er lernt durch Nachahmen am Gesicht abzulesen, ob das, was er gerade getan hat, erwünscht war.

Diese Menschenkenntnis bleibt auch später bestehen, nur wir untermauern sie nicht durch exakte Kenntnisse, sondern sie bleibt mehr oder weniger ein Gefühl.

Fünf Grundregeln
1. Den ersten Eindruck beachten
2. Die Einzelmerkmale beachten
3. Zusammenfassen zu einem Gesamtbild
4. Suchen nach Bestätigung im Verhalten des Menschen
5. Aus dem Gesamteindruck die richtigen Konsequenzen ziehen

Kleine Hilfe zum Verstehen von Signalen

Wenn Sie einen Gesichtszug, eine Geste oder eine Körperhaltung nicht verstehen, sie zwar wahrnehmen, aber nicht wissen, was sie sagt, genügt es fast in allen Fällen, diese Haltung einzunehmen, diesen Gesichtsausdruck nachzuahmen und in sich hineinzuspüren, wie Sie sich dabei fühlen.

Sie spüren diese Stimmung in sich.

Das ist ein wichtiger Hinweis, weil er in den ersten Jahren, wenn Sie noch nicht alle Informationen griffbereit haben, hilft, auch Signale zu verstehen, deren Bedeutung Sie nicht mehr wissen.

Zusammenfassung

1. Im Aussehen kommt der eigentliche Charakter zur Geltung, die individuelle Dauerprägung.
2. Im Verhalten kommen die Affekte, Stimmungen und Hemmungen zur Geltung.

Aus beiden zusammen erkennt man den dauernden und den momentanen Menschen.

»Größte Sorgfalt beim Beobachten, aber allergrößte Sorgfalt beim Beurteilen!«

Der gute Menschenkenner wird niemals vorschnell urteilen, sondern zunächst alle beobachteten Einzelmerkmale genau registrieren, miteinander vergleichen, gegeneinander abwägen und danach beginnen zu überprüfen, das Gesicherte zu bestätigen, das Zweifelhafte korrigieren, bis ein einheitliches und widerspruchsfreies Gesamtbild geschaffen wurde und dieses dann formulieren.

Es ist wichtig, das Gesamtbild zu formulieren, weil man es dann leichter behalten kann.

21 Gesetze der Menschenkenntnis und Selbsterkenntnis

1. Wie innen, so außen; wie außen so innen.

2. Menschenkenntnis beginnt mit Selbsterkenntnis. Man kann andere nur so weit erkennen, wie man sich selbst erkennen kann. Um etwas erkennen zu können, muß man es aber zunächst kennen. Man kann nicht nur erkennen, was bereits ist, sondern auch, was aus einem werden kann oder soll.

3. Durch Erkennen des Heute kann ich das Morgen bewußt gestalten. »Wer heute den Kopf in den Sand steckt, knirscht morgen mit den Zähnen.«

4. Ich muß mich selbst als Instrument zuvor optimal stimmen, denn meine Beobachtungen stimmen nur so weit, wie ich selbst stimme. Das heißt harmonisch, ruhig, objektiv und umfassend zu sehen und keine Einzelinformationen überzubewerten. Auffälliges muß nicht wichtig und Wichtiges nicht auffällig sein.

5. Ich kann immer nur die Persönlichkeit eines Menschen erkennen, d.h. die Summe der Eigenschaften und Programme. Diese Persönlichkeit ändert sich ständig - also immer wieder neu Maß nehmen.

6. Die 3 Prinzipien - Geist, Seele, Körper - sind im ganzen Körper ebenso zu erkennen wie in jedem einzelnen Teil. Das dominierende Prinzip beherrscht, das zweitstärkste beeinflußt und das schwächste dient den anderen.

7. Die linke Seite des Körpers oder des Gesichtes zeigt immer das Innenleben, während die rechte Seite das Verhalten zur Umwelt zeigt.

8. Die »Achsen« des Kopfes zeigen die herrschenden Energien.

9. Die Stirn zeigt Art und Grad des Bewußtseins.

10. Die Augen zeigen die Stimmung und den Charakter.

11. Die Nase zeigt den Persönlichkeitsanspruch, das Selbstwertgefühl und das Durchsetzungsstreben.

12. Der Mund zeigt, was wir geistig und gefühlsmäßig aus unseren Anlagen gemacht haben.

13. Das Kinn ist der Ausdruck des bewußten Wollens des Menschen. Die Kinnspitze zeigt den Zielwillen, der Kiefernbogen die Durchsetzungskraft.

14. Das Ohr zeigt das seelische Erbe, die »Mitgift«, besonders die Empfänglichkeit und Empfindungstiefe des Menschen.

15. Hals und Nacken zeigen Art und Stärke der Vitalkraft des Körpers.

16. Die Schlafposition zeigt die unbewußte Haltung eines Menschen.

17. Die Lieblingsfarbe zeigt die Grundschwingung des Menschen an.

18. Die »Ausstrahlung« eines Menschen zeigt das innere Sein.

19. Die Umgangsformen zeigen die »Kinderstube«.
    Kleidung und Gepflegtheit den Geschmack und das Selbstgefühl.
    Das Verhalten gegenüber Untergebenen, Kindern und Tieren die »Herzensbildung«.

20. Das Auftreten - also Gang, Haltung und Bewegung - zeigt die charakterliche Haltung. Sie ändert sich nur in dem Maße, wie der Mensch sich ändert.

21. Die »Grundstruktur« des Charakters zeigt sich deutlich beim Trinken, Geldausgeben, im Zorn sowie beim Urteil über andere.

Wer braucht Menschenkenntnis ?

JEDER

Beispiel:

- Der Vertreter muß erkennen können, was der Kunde will.

- Der Kunde muß feststellen können, ob er objektiv beraten wird.

- Der Sportler muß die Schwäche seines Gegners erkennen, weil er sonst verliert.

- Die Eltern brauchen Menschenkenntnis, um ein besseres Verständnis für ihre Kinder zu haben. Erziehung heißt ja nicht, den Kindern das beizubringen, was die Eltern für richtig halten, sondern ihnen zu helfen, sie selbst zu werden. Dazu muß man sie erst kennenlernen und sehen, was in ihnen steckt und was man fördern und begünstigen kann.

- Der Chef muß sein Personal richtig einsetzen können.

- Der Lehrer muß auf die Eigenheiten der Schüler eingehen können.

- Der Schüler kann lernen, mit seinen Lehrern besser umzugehen.

- Der Richter muß erkennen können, wer die Wahrheit sagt.

- Der Arzt kann sehen lernen, was ein Patient möglicherweise nicht sagt.

- Der Pfarrer muß die Probleme seiner »Schäflein« erkennen können.

- Der Berufsberater muß sehen lernen, welche Substanz im anderen steckt.

- Jeder Mensch kann erkennen, welche Mitgift er selbst mitbringt.

Bereiche der Menschenkenntnis

1. Typologie
2. Charakterologie
3. Phrenologie
4. Physiognomik
5. Verhaltenspsychologie
6. Gestalt-, Bewußtseins- und Tiefenpsychologie

- Physiologie
- Biologie
- Graphologie
- Soziologie
- Symbolkunde
- Numerologie
- Astrologie
- Chirologie

Aus all diesen Gebieten kann man etwas über den Menschen erfahren. Man kann sagen, Menschenkenntnis ist die Krone der Psychologie.

Warum ist es überhaupt möglich, von außen etwas vom Charakter zu sehen?

Wir sind Geistwesen. Man kann hinzusetzen, wenn man davon überzeugt ist, obwohl es nicht wissenschaftlich nachzuweisen ist: »Wir sind unsterbliche Geistwesen.«

Jeder ist eine unsterbliche Seele, die, einmal geschaffen, immer sein wird, die nie mehr aufhört, zu sein.

Wie nähern wir uns dem Menschen ?

1. Einfühlung

- wir müssen lernen, uns sensibel zu machen, um den anderen zu erspüren, ihn zu fühlen.

2. Erfahrung

- wir müssen lernen, das, was wir durch Einfühlung erkannt haben, richtig einzuordnen, das Richtige zu behalten
- nicht nach Einzelmerkmalen zu urteilen
- die Gesamtheit der Dinge sehen
- die Mehrdeutigkeit der Ausdrucksmerkmale beachten

Beispiel: Wenn jemand sich bückt, kann das bedeuten:

- er will sich den Schuh zubinden
- er will nicht gesehen werden
- er betrachtet etwas
- er will einen Stein aufheben

Wichtig: Ein Einzelmerkmal kann trügerisch sein in der Aussage. Erst wenn wir die Gesamtheit erkennen, d.h., die Summe aller Informationen, können wir von Menschenkenntnis sprechen.

Menschenkenntnis ist die Summe aus Beobachtung, Erfahrung, Intuition und theoretischem Wissen.

Jedes Einzelmerkmal ist wichtig, aber kein Merkmal allein ist entscheidend, es muß immer durch andere gestützt, gestärkt oder abgeschwächt werden.

Wir müssen lernen, genau zu beobachten.

Wir neigen anfangs dazu, besonders auffällige Merkmale überzubewerten, weil sie so deutlich sind, und feinere Signale zu übersehen oder nicht genau zu erkennen.

Formen

Die Formen des Körpers sind nicht zufällig, dahinter steht eine einheitliche geistige Kraft, die den ganzen Körper formt.

Um die geistigen Voraussetzungen der Formentwicklung analysieren zu können, muß man aus dem sog. Parallelogramm der Kräfte die Formen ablesen. Aus diesem kann man ganz genau sehen, in welche Richtung man selbst und andere sich stärker entwickeln.

In der folgenden Reihenfolge ist die Analyse am leichtesten:

Man macht von der Person, die man analysieren will

a) eine Zeichnung
b) danach arbeitet man nach einem Photo
c) zuletzt analysiert man den Lebensstil und -lauf und vergleicht dann die jeweiligen Ergebnisse, aus denen sich ein einheitliches Bild ergeben muß.

Der ganze Körper ist eine Übersetzung der Seele ins Sichtbare. Bei einer Analyse wird grundsätzlich zwischen der linken und der rechten Körperhälfte unterschieden, da die linke Körperhälfte das zeigt, was man mitbekommen hat und die rechte Körperhälfte das, was man sich aus dem Mitgebrachten erarbeitet hat.

Links - Innen: Mutter, Gefühl und mitgebrachtes (geistiges) Erbe

Rechts - Außen: Wille, Vater und das, was man aus dem Mitgebrachten gemacht hat.

Aus dem Gesicht, aus dem eigenen und dem seiner Mitmenschen, kann kann sehen, was man von sich und den Mitmenschen erwarten kann und was nicht - womit man rechnen muß.

Kopf- und Gesichtsformen

Das Gesicht ist die Visitenkarte eines jeden Menschen.

Die wichtigsten Kopfformen

- Quadratschädel: Ziemlich eckig, verrät Energie, sicheres Urteil, Willensfestigkeit, Begabung für exakte Wissenschaften

- Rundschädel: Zeigt mehr Initiative, rasches Urteil, dazu aber Hilfsbereitschaft und Umgänglichkeit

- Der ovale, längliche Kopf ist das Bild eines beweglichen Geistes, geistiger Elastizität, der sich aber nicht gerne von anderen beherrschen läßt

- Der konische Trapezschädel (nach unten birnenförmig, Backen nach unten) zeigt sachliches Urteil, starke Begabung zur Lösung praktischer Aufgaben, Umgänglichkeit, meist unkomplizierte Lebensphilosophie

- Das dreieckige Gesicht (Spitze am Kinn) verrät Klugheit, List, Diplomatie, Schlagfertigkeit

Größenverhältnisse

- *Große Augen, Mund und Nase klein:* lebhafter Ich-Wunsch

- *Augen und Nase groß:* Rechthaberei

- *Nase groß, Mund und Augen klein:* Neigung zur Prahlerei

- *Mund groß, Augen und Nase klein*: Neigung zur Ausschweifung

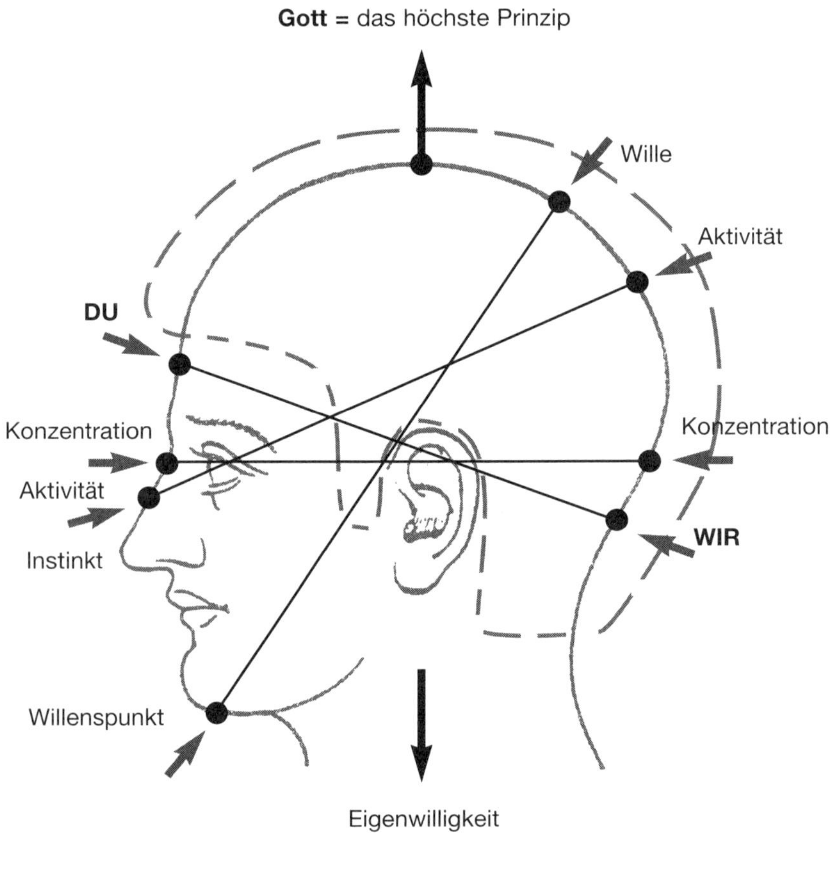

Dies sind die Kopfachesen, aus denen erkenntlich ist, in welche Richtung die einzelnen Veranlagungen tendieren. Man sieht auch, welche Punkte besonderes betont sind oder vernachlässigt werden können.

Der Kopf

Hier gilt das Gesetz: »Was funktioniert, dehnt sich aus, was nicht funktioniert, schrumpft.«

Die Formteile des Kopfes, die ausgearbeitet sind, sind aktiv und werden benutzt.

Ganz deutlich ist dies beim Tier:

Es hat einen niederen Instinkt, der nach vorne wirkt; es wird angetrieben und entscheidet nicht selbst. Das Göttliche, die Kraft nach oben ist noch gering. Deshalb ist auch der Schädelausbau nach oben gering. Der Eigenwille nach unten ist nicht da, deshalb hat ein Tier kein Kinn. Es hat aber Gemeinschaftssinn, es sind ja oft Herdentiere. Dieser Gemeinschaftssinn zeigt sich am Hinterkopf.

D.h., vorn befindet sich der Antrieb, der niedere Instinkt, hinten der Gemeinschaftssinn (Hinterkopf), darüber sitzt der höhere Sozialsinn (Oberkopf), ganz oben die göttliche Kraft (Schädeldach) und unten der Eigenwille (Kinn).

Ist die Unterpartie am größten, stehen körperlich-materielle Motive im Vordergrund.

Sind alle drei gleich groß, liegt ein Gleichgewicht der Kräfte vor.

Hier können wir feststellen, welche Kräfte uns bestimmen.

Kopf von hinten

Wichtig ist die Breite.

Hat das obere Hinterhaupt die größte Breite, spricht das für Ausdauer und Tatkraft.

Ist das mittlere Hinterhaupt am breitesten (in Ohrhöhe), so kann auf Lebensbejahung und soziale Einstellung geschlossen werden.

Ist das untere Hinterhaupt am breitesten (Nackenpartie), weist das auf gute Lebenskraft. Ist sie jedoch dick und schwammig, zeigt sie Genußsucht, übertriebene Lebenskraft und wenig Ausdauer.

Verbreitert sich der ganze Kopf nach oben, ist Gewissenhaftigkeit und Gemütswärme vorhanden.

Läuft der Kopf nach oben spitz zu, zeigt er Unbeständigkeit.

Kopfhaltung

- *Voll aufgerichteter Kopf:* Ausgeprägtes Selbstbewußtsein, innere Freiheit, Aufgeschlossenheit, Aufmerksamkeit

- *Betont erhobene oder überhöhte Kopfhaltung:* Unnahbarkeit, Selbstüberheblichkeit, Arroganz

- *Ruckartiges Hochheben des Kopfes:* Wille zur Tat (jetzt habe ich mich innerlich entschlossen)

- *Zuvor aufgerichteter Kopf gleitet langsam in die gelöste Haltung nach hinten und bleibt hier:* sich hingeben an Eindrücke

- *Zur Seite geneigter Kopf:* Innere Anteilnahme, Entgegenkommen bis zur Nachgiebigkeit, anlehnen, anpassen, Einverstandensein.

- *Seitliches Hin- und Herwiegen des Kopfes:* Unentschiedenheit, Unentschlossenheit

- *Spannungslos nach unten hängender Kopf:* Willenlosigkeit, apathischer Zustand, Hoffnungslosigkeit

- *Gesenkter Kopf:* Unterwerfung, Demutshaltung, Mangel an Selbstsicherheit

- *Gesenkt-gespannt gehaltener Kopf mit konzentriertem Blick von unten her:* Opposition, d.h., äußerlich ist man bereit nachzugeben, geistig jedoch jederzeit bereit, diese Haltung wieder zu ändern, sich aufzurichten. D.h., man gibt nach, ist aber nicht einverstanden.

- *Nach vorn gestreckter Kopf, besonders bei konzentrierter Augenpartie:* Intensive Zuwendung, gespannte Aufmerksamkeit.Wenn man mit etwas nicht einverstanden ist, nimmt man den Kopf zurück oder man wendet sich leicht ab.

- *Seitlicher Blick:* Vorsicht, Mißtrauen

Der Breitkopf

Energie wirkt in der Breite, daher sind die breiten Kopfformen immer diejenigen, die sich durchsetzen können, weil sie Elektrizität und Spannung haben. (Im Tierreich haben alle angreifenden Tiere breite Köpfe).

Dieser Breitkopf wird oft noch unterstützt durch abstehende Ohren.

Eigenschaften: Ausgesprochener Geschäftsinstinkt

- Fähigkeit, viele einschlägige Dinge gleichzeitig zu behandeln
- nachdrücklich und zielstrebig im Ausnutzen ihrer Möglichkeiten

Breite Kinnbacken: Elektrizität im materiellen, realen, physischen Bereich - körperliche Durchsetzungskraft, Tatkraft, Eigenwilligkeit.

Breiter Mittelbereich: Seelisch-gemüthafter Bereich. Asiaten haben z.B. im Gemüt enorme Kraft zu tragen und zu ertragen - sie sind leidensfähig.

Abstehende Ohren: Ganz starke Eigenwilligkeit

Breiter Oberbereich: Intellekt, geistige Kräfte

Breite direkt über den Ohren: Einfache Geistigkeit und Gemüthaftigkeit. Das sind die Organisatoren, Kaufleute und Manager.

Der Schmalkopf

Im Tierreich haben alle Beutetiere schmale Köpfe (geringe Elektrizität). Positive Eigenschaften: Nachsicht, Großmut, ideale Einstellung, Herzlichkeit, Gebefreudigkeit, Anpassungsfähigkeit, Einfühlungsvermögen, Takt, Höflichkeit.

Der Hinterkopf

Es ist bekannt, daß Menschen mit vollem Hinterkopf und »Stier«-Nacken Bullenkräfte besitzen. Ist der Nacken zart und schmal, ist der Mensch anfällig und bekommt leichter Infektionen. Seine Kräfte lassen schnell nach, er ist nicht belastbar, nicht ausdauernd.

Breiter Kopf und schmaler Hals: Es sind viele Möglichkeiten vorhanden, jedoch wenig Kapazität.

Wölbung zwischen Hals und unterem Hinterkopf: Wie diese Wölbung ausgeprägt ist, so ist der Gemeinschaftssinn.

Die Scheitellinie

Sie reicht vom Haaransatz bis zum Hinterkopf. Man prüft, an welcher Stelle der höchste Punkt liegt.

Ist der höchste Punkt vorne (sozialer Punkt): Der Mensch wendet sich dem DU zu, zum anderen hin. Höchster Punkt vorne verlängert zwangsläufig die Liebesachse.

Ist der höchste Punkt in der Mitte: Das höchste Prinzip, die Religiosität, ist am ausgeprägtesten (z.B. bei buddhistischen Mönchen). Ist der höchste Punkt hinten: Der Ich-Punkt zeigt Eigenwilligkeit und verlängert die Willensachse.

Wichtig ist auch die Gesamthöhe der Scheitellinie: In der hohen Scheitellinie drücken sich Wahrheit, Tiefe, Nachhaltigkeit des Gemütes, Umfang des moralischen Empfindens, die Fähigkeit an Gott zu glauben, Verehrung, Ehrfurchts- und Demutsgefühl vor Schöpfer und Schöpfung aus.

Ist der Oberkopf vorne flach, verrät er den Mangel an o.g. Eigenschaften. Das heißt nicht, daß es sich um ein niederes

Wesen handelt, sondern daß es sich den realen Dingen zuwendet und die höheren Dinge nicht so beachtet. (Wichtig z.B.: Umsatz, Statistik, Konto usw.)

Eine hohe Scheitellinie wiederum gibt erst die Möglichkeit, Vor- und Rückschau zu halten, d.h., sich über die Zeit zu erheben, sich zu erinnern, vorauszuplanen. Das Tier mit der flachen Scheitellinie kann das nicht, weil es die geistigen Kräfte nicht besitzt.

Hinten an der Scheitellinie sitzt auch das Ich-Bewußtsein sowie das Selbstbewußtsein und das Erhabenheitsgefühl.

Vorne zeigt sich die Ausbildung der Gemütslagen, des moralischen Empfindens.

Steigt eine Scheitellinie nach hinten an (geistige Breite), handelt es sich um eine selbstbewußte, Ich-bezogene Persönlichkeit.

Ist die Scheitellinie waagerecht oder fällt sie nach hinten ab, handelt es sich um einen Menschen, der nicht so zielstrebig, nachdrücklich, ehrgeizig und energisch ist; dafür ist er nachgiebiger.

Haben Menschen Schultern mit ansteigender Scheitellinie und oben breit ausladendem Hinterkopf, so handelt es sich um charakterfeste, ehrgeizige und empfindliche Persönlichkeiten. Sie sind im Wollen und Handeln bestimmt, konzentriert in der Arbeit und gewissenhaft in der Durchführung ihrer Aufgaben.

Achsen

- *Willensachse:* Der Ich-bezogene Willensmensch wird immer diese Achse am weitaus längsten haben (Bauarbeiter, Holzfäller). Das Ich-Gefühl sitzt hinten, Durchsetzung vorne - Willensrichtung.

- *Konzentrationsache:* Bei einem schmalen Kopf ist Konzentration nicht so leicht - besser ausgeprägt bei einem langen Kopf.

- *Liebesachse:* Von der Stirn bis zum Hinterkopf. Im Unterkopf befindet sich der Gemeinschaftssinn, der Ich-Sinn. In der Stirn ist das Du-Prinzip, die Hinwendung zum anderen. Gemeinschaftssinn und Hinwendung zum anderen vergrößern die Liebesachse (auch soziale Achse genannt).

- *Tätigkeitsachse:* Vom Nasenhöcker aus zur weitesten Stelle des Hinterkopfes (unterhalb des Haarwirbels). In der Nasenregion sitzt der Aktionspol.

- *Festigkeitsachse:* Vom Unterkinn bis zum höchsten Punkt nach oben (zeigt Härte und Durchsetzung). Die Ich-Stelle am Hinterkopf ist der Haarwirbel (Pol, Rundung oder falsche Stelle).

- *Ist der Haarwirbel ausgeprägt:* Starkes Ich-Bewußtsein.

- *Flacher Hinterkopf:* Kein ausgeprägtes Ich-Bewußtsein.

Ist die Liebesachse ausgeprägt, muß der Amorbogen (Oberlippenlinie) besonders fein und geschwungen gezeichnet sein. Wer gefühlsverhärtet ist, hat nur noch einen Strich als Oberlippe. Wer zuviel Oberlippe hat, ist zu leicht beeinflußbar, zu sehr dem anderen zugewandt.

Das Haar

Haare zeigen, wie stark die Nervenkraft eines Menschen ist.

- *Drahtige Haare:* magnetische Energie

- *Gekräuseltes Haar:* elektrische Energie

- *Weiches Haar:* Empfindsamkeit, eher schwächliche Gesundheit

- *Hartes Haar:* Vitalität, robuste Gesundheit

- *Krauses Haar:* bei elektrischer Energie auch Originalität

- *Kurzes Haar:* Meist Realisten

- *Voller, starker Haarwuchs:* Gesundheit, Lebenskraft

- *Lockiges Haar:* Schönheitssinn, phantasievolle Natur

- *Krause, wirr durcheinander wachsende Haare:* Unbeständigkeit, Sprunghaftigkeit

- *Mehrere Haarwirbel:* Mehrere elektromagnetische Kraftfelder, dadurch Unberechenbarkeit. Wer mehrere Haarwirbel hat, wird das immer spüren wie zwei Persönlichkeiten oder zwei Energiefelder, die in ihm wirksam sind.

Frisur

Straff zurückfrisiertes Haar: Persönliches Pflichtgefühl, unbeirrbar in der Ausübung der Pflicht, von anderen Pflichtauffassung erwartend und Verläßlichkeit fordernd.

Lockeres Haar: Eigene Vorstellung von Pflicht und Pflichtbewußtsein. Pflichteinsatz besonders in solchen Tätigkeitsbereichen, die interessant sind. In anderen Lebensbereichen aus Vernunftgründen Pflicht erfüllend.

Unordentliches Haar: Verwahrlosung des Gemüts, innere Disziplinlosigkeit, Unordnung, mangelndes bis ausgeschaltetes Pflichtgefühl gegen Aufgaben und Verrichtungen. Zu Veränderlichkeit und Gesinnungspflicht neigend.

Haarfarben

- *Schwarzes Haar:* Soll Menschen zu eigen sein, die leidenschaftlicher sind als Blondhaarige. Psychologen jedoch behaupten, daß die Leidenschaft bei Schwarzhaarigen nicht stärker ist als bei Blonden, sondern hier nur offener gezeigt wird.

- *Braunes Haar:* beweglich, impulsiv, beschwingt, aber auch wechselhaft

- *Goldblondes Haar:* soll ein Zeichen für Gefühlstiefe, Anhänglichkeit, Treue und Mitleid sein

- *Kupferrotes Haar:* gilt noch heute als Indiz für feurige Leidenschaft, allerdings auch Listigkeit und Neigung zur Rachsucht

- *Graues Haar:* pathophysiognomisch nachlassende Herztätigkeit, Distanz.

Scheitel

- *Der Rechtsscheitel:* Nur 3 % der Männer tragen den Scheitel rechts. Die Willensseite (rechts) wird hier klar betont, die Gemütsseite wird leicht verborgen, nicht gezeigt. Das berufliche Engagement beschäftigt sie stark, sie verbinden damit ein festgefügtes moralisches und berufliches Ethos, weil Klarheit, Wille und Präzision betont werden.

- *Der Linksscheitel:* Das Gemüt wird betont, der Wille steht nicht im Vordergrund.

- *Mittelscheitel:* Eigenwilligkeit, spekulatives Denken, Verschlossenheit.

Die Stirn

Die Stirn zeigt die Art und den Grad des Bewußtseins. Die Höhe der Stirn zeigt die Tiefe der Erkenntnis und die Weite des Bewußtseins, während die Breite das Fassungsvermögen und die Fähigkeit zur Verarbeitung zeigt. Der Schwerpunkt des Bewußtseins liegt in der Zone, wo die Stirn am breitesten ist.

Die quadratische Stirn: weist auf wohlorganisierte Intelligenz hin, auf kühles Abwägen und präzises Entscheiden. Das sind die Realisten, die Ordnung lieben.

Die Dreieckstirn: oben schmal und unten breit zeigt ein stark auf die Wirklichkeit gerichtetes Denken, das jedoch mehr oder weniger begrenzt ist. Praktische Vorteile werden schnell wahrgenommen. Unbekümmert, meist zufrieden, gleichmütig und praktisch.

Die kurze Stirn: weist auf einen aufbrausenden, rechthaberischen und jähzornigen Charakter hin, der oft Streit sucht und immer das letzte Wort haben muß.

Oberstirn vorspringend: exzentrisches bis bizarres Denken, großer Theoretiker und Philosoph. Will alles in ein selbstgeschaffenes Gedankengebäude einfügen. Originell, logisch, aber auch egozentrisch.

Die Stirn wird bei der Beurteilung in 7 Zonenhorizontale aufgeteilt. Alle 7 Zonen sind bei jedem Menschen in der Anlage vorhanden. Sie müssen nur in Besitz genommen werden. Die Stirn verändert sich im Laufe der Zeit, die einzelnen Zonen ziehen sich auseinander. Wenn die Zonen in Besitz genommen werden, wachsen sie.

Von unten nach oben:

Zone 1: Ich nehme auf, was da ist, nehme die Welt wahr. Sobald das erste Bewußtsein erwacht, ist der erste Schritt: wahrnehmen durch Beobachten.

Zone 2: Bei der Weiterentwicklung sich das Beobachtete vorstellen,projizieren.
Zone 3: Erweitert sich das Bewußtsein noch mehr, kommt das praktische Denken. Man beobachtet etwas, stellt es sich vor und zieht daraus Konsequenzen: der erste Schritt zum Handeln.Viele Menschen haben eine steile Stirn bis zur 3. Zone, dann flieht sie: das sind Praktiker, Realisten.
Zone 4: Philosophisches Denken, spekulatives und rechtliches. Das liegt vielen schon nicht mehr.
Zone 5: Weises oder qualitatives Denken.
Zone 6: Ethisches Denken.
Zone 7: Religiöses Denken.

Diese 7 Zonen werden wiederum in drei Bereiche eingeteilt:
praktischer Bereich (Zone 1 - 3)
theoretischer Bereich (Zone 4 - 5)
intuitiver Bereich (Zone 6 - 7).

Konzentrationsfalte

Im Idealfall sollte die Falte oberhaalb der Nasenwurzel senkrecht sein. Es kommt nicht darauf an, wieviel Falten da sind, sondern auf die senkrechte Richtung.

Sind die Falten nicht senkrecht, arbeiten noch Kräfte gegeneinander. Wollen und Können sind noch nicht zu Einem geworden.

Sind mehrere senkrechte Falten vorhanden: Mehrere Ziele werden nebeneinander konzentriert verfolgt.

Vereinte Falten: Harmonie der Konzentration ist hergestellt. Dieser Mensch geht mit harmonischer Kraft auf ein Ziel los.

Befehlsfalte

Unterhalb der Konzentrationsfalte, an der Nasenwurzel.

Breite Nasenwurzel

Zeigt Formensinn (Innenarchitekt, Designer ...), daneben zeigt sich der Raumsinn und darüber (über dem Auge) der Farbensinn.

Das Auge

Das Auge ist der Spiegel der Seele, das Fenster zum Inneren. Man kann über das Auge bis zum Grund unseres Bewußtseins schauen. Charakter, Bewußtseinsgrad, Stimmung, Gemütsverfassung, bewußte Aufmerksamkeit und unwillkürliche Reaktion werden aufgezeigt.

Das Auge zeigt die leisesten Veränderungen unserer Empfindungen und unseres Bewußtseins an, ohne daß wir es beeinflussen können. Einen Moment lang können wir es verändern, aber nicht lange beeinflussen. Das Auge zeigt dann wieder ganz offen, was tatsächlich geschieht. Es vermittelt nicht nur die meisten Sinneseindrücke, sondern ist auch ein ganz besonders aussagekräftiges Ausdrucksorgan.

Wenn z.B. unsere Aufmerksamkeit nachläßt, beginnt der Blick zu schweifen oder man »stiert« vor sich hin.Wenn man näher herangeht, kann man sehen, welche Gedankenrichtung vorherrscht: Negative Gedanken oder Regungen verdunkeln die Iris, positive Gedanken erhellen die Iris unabhängig von der Augenfarbe. Bei zunehmendem körperlichen Schmerz und seelischem Leiden, Kummer, Sorgen, Angst, Ärger und Wut wird das Auge immer dunkler, bis es geradezu schwarz erscheint.

Umgekehrt, bei beschwingter Heiterkeit, freudiger Erregung, Zuversicht, Aufschwung, Wohlwollen, Zuneigung, Liebe, Güte wird die Iris immer heller.

Beachten Sie die Strahlung des Auges: Freude läßt das Auge aufblitzen, Verliebte strahlen sich an, Kinderaugen strahlen.

Dann gibt es auch Augen voller unerschütterlicher Ruhe und Klarheit sowie durchdringende Augen, die uns auf den Grund der Seele zu schauen scheinen. Man fühlt sich durchschaut, wenn ein anderer uns nur anblickt mit dieser durchdringenden Klarheit.

Bei Augen, die absolut offen blicken, weiß man: Die haben das Tor richtig aufgemacht, jeder kann hineinschauen. Das ist das eigentliche Ziel: Kinder haben offene Augen und abgeklärte alte Leute haben wieder diesen offenen Blick, wenn sie nicht von Leid und Schicksal angeschlagen sind.

Sonst begegnet man wieder dem erloschenen Blick: Es ist jemand, der zwar noch sieht, aber der Blick ist leer.

Wieviel uns ein Auge sagt, sehen wir, wenn wir einen Blinden anschauen; da merkt man, wieviel Information uns fehlt. Wir erfahren viel voneinander über die Augen: Liebende können sich einander nicht sattsehen, Todfeinde messen sich mit den Augen, schätzen ab.

Wir können auch sehen, in welcher Entwicklungsphase ein Mensch gerade ist: Alle neueren Forschungen beweisen, daß schon Neugeborene fixieren können. Der Mensch fängt an, die Welt mit den Augen in Besitz zu nehmen. Eines Tages, wenn die Entwicklung abgeschlossen ist, landet er mit dem Blick auf der Erde, d.h., er nimmt wirklich wahr.

Wir lesen auch Schicksal aus den Augen. Wo gehungert oder gelitten wird, haben schon die Kinder im Gesicht dieses unsägliche, unfaßbare Leid. Todtraurig, verzweifelt, mißhandelt, soziale Not. All das kann man dem Auge ablesen.

Wir lesen auch am Auge den Grad des Aufgeklärtseins, des sexuellen Aufgeklärtseins. Wenn der Blick geschult ist, können wir bei einem Jugendlichen genau sehen, ob er schon körperlich erwacht ist oder noch schläft.

Augenstellung

Weit auseinander stehende Augen: sie zeigen Übersicht, Überblick. Mögliche Schwäche: Details werden nicht so beachtet - Überblick wird wichtig genommen.

Engstehende Augen: penibel, genau, präzise, auf das Detail gerichtet. Mögliche Schwäche: Übersicht wird vielleicht außer acht gelassen.

- Enge Augenstellung: geistig, seelisch strebsam, empfänglich, rasches Aufnehmen.

- Sehr enge Augenstellung: gesteigerte Auffassung, aber Neigung zu Einseitigkeit, leicht angeregt, aufgeregt.
- Augen weit auseinander: sucht alle Ideen zu materialisieren, vorwiegend reale Auffassung, langsames Aufnehmen.
- Augen-Mund-Entfernung sehr gering: Wenig Ideale, rücksichtslos, pessimistisch, Ich-süchtig.

Augenfarbe

Die Augenfarbe kann intensiv oder weniger intensiv sein. Mit zunehmendem Alter läßt die Farbintensität der Augen oft nach, was auf das Nachlassen der Lebensenergie zurückzuführen ist.

Blaue Augen: Menschen mit blauen Augen sind sehr treu - ihren Idealen, was immer das gerade sein mag. Wenn jemand z.B. die Abwechslung als Ideal hat, ist er diesem Ideal treu, auch wenn andere das als Untreue empfinden. Sie sind auch ihren Plänen, Absichten und Vorstellungen treu. Diese Menschen besitzen allerdings auch immer eine gewisse Tendenz zum weltfremden, idealistischen, träumerischen, aber auch fanatischen Denken. Dann wird das blaue Auge mehr stahlblau.

Tiefblaue Augen: Sanftes Gemüt, Sensibilität, auch Fruchtbarkeit.

Klarblaue Augen: Symbolisch für Klarheit und Unkompliziertheit des Charakters.

Sehr hellblaue Augen: Lasche Konstitution, auch lasche Charaktereigenschaften, Disziplinlosigkeit.

Graue Augen: Sie sind mehr dem Realen verbunden. Verstandesdenken und Intelligenz geben die Richtung an, nach der gelebt wird. Die Treue solcher Menschen ist verstandesgemäß zu verstehen. Es handelt sich um Menschen, die nach realen, vernünftigen Tatsachen handeln. Der Grauäugige ist bestimmter, handelt durchdachter. Sachliche Kühle herrscht vor.

Braune Augen: Lebensfreudigkeit, Geselligkeit, angenehmes, sprühendes Wesen, nicht unbedingt tiefes Gemüt. Dunkelbraune, fast schwarze Augen: spricht für magisch-okkulte Fähigkeiten der Seele.

Grüne Augen: Ausdruck intensiver Lebenskraft. Oft wird damit Leidenschaft in Verbindung gebracht, auch so kann sich Lebenskraft äußern. Starke Tendenz zum leidenschaftlichen Denken, Fühlen und Wollen.

Die Pupillen

Die Pupille zeigt die Ruhe und Sicherheit der Individualität. Ist das Bewußtsein von Mitleid und Liebe erfüllt, wirkt der Blick warm und gütig.

Die Pupille vergrößert sich im Dunkeln, bei Schmerz und Schreck, immer wenn jemand außer sich gerät (auch bei langem Drogenmißbrauch).

Die Pupille verkleinert sich im grellen Licht, bei gespannter Aufmerksamkeit oder wenn wir »ganz da« sind.

Wollen wir die Wahrhaftigkeit von Angaben überprüfen, müssen wir ganz nahe hingehen, um wirklich das Auge des anderen ganz deutlich zu sehen.

Beispiel: Drei verschiedenartig veranlagte Menschen werden etwas gefragt. Nach der Fragestellung zeigt sich bei einem

- *Farbverdunklung der Iris, blitzartiges öffnen und Offenbleiben der Pupille:* Die Antwort wurde bewußt falsch gegeben. Sie ist eine Lüge.

- *Iris verändert sich, Pupille vergrößert sich nicht:* Die Antwort ist aus einer früher gemachten Erfahrung reflektiert, berührt aber im Augenblick die Sachlage nicht. D.h., die Aussage ist richtig, hat aber eine Assoziation zu früher, irgendeine Form von Belastung.

- *Iris bleibt unverändert, Pupille weitet sich:* Der Antwortende ist an der Sachlage innerlich unbeteiligt, nur das Angesprochensein ist im Reflex der Iris zu sehen.

Augengröße

Große Augen deuten an, daß das Gefühl den Verstand überwiegt. Kleine Augen sprechen dafür, daß der Verstand das Gefühl überwiegt. (Gründlichkeit, vorsichtiges bis grüblerisches Wesen). Große, lebhafte Augen sprechen für Sprachtalent und offenen, ehrlichen Charakter.

Glänzende Augen: zeigen die Gemütsbetontheit. Aufgerissene Augen: zeigen Überraschung, Erstaunen, Schreck, Abwehr, Angst oder Einfalt.

Mandelförmige Augen: sind meist ein Zeichen für Sanftheit und Sensibilität.

Verschieden hohe Augen: findet man bei Menschen mit vielseitigem Interesse, hoher Intelligenz, geistiger Beweglichkeit.

Versteckt wirkende Augen: deuten auf Unsicherheit und Unaufrichtigkeit.

Flachliegende Augen: zeigen oberflächliche Denkungsweise. Tiefliegende Augen: sind ein Zeichen schwacher Lebenskraft. Sie zeigen auch die Tiefe des Erlebens, das »hinter die Kulisse schauen.«

Engstehende Augen: zeigen gute Beobachtungsgabe, gute Konzentrationsfähigkeit, Realismus, im Extremfall auch Engstirnigkeit. Dieser Mensch ist zu penibel, zu genau.

Ungleiche Augen: zeigen Disharmonie im Fühlen und Denken. Man denkt anders als man fühlt. Gegenläufige Energien sind im Menschen wirksam (z.B. ist oft das linke Auge offen, das rechte verkniffen). Die Innenwelt ist offen, aber aufgrund von Erfahrung oder Mißtrauen ist das rechte Auge enger.

Die Augenlider: zeigen den Grad der geistigen Entwicklung. Das Oberlid spiegelt die Entwicklung des Großhirns (höhere Denkfunktionen). Das Unterlid spiegelt die Entwicklung des Kleinhirns (natürliche Lebensfunktionen).

Das Auge vermittelt uns 80 % unserer Sinneseindrücke.

Ein Auge kann einen packen, erregen, kann oft mehr bewirken als viele Worte.

Auch die Umgebung des Auges sollten wir beachten. Dort haben wir wieder drei Prinzipien: das Oberlid entspricht dem Geist, die Wimpern entsprechen der Seele, das Unterlid dem Körper.

Die drei Prinzipien sind allerdings auch im Auge selbst zu unterscheiden: die Pupille entspricht dem Geist, die Iris entspricht der Seele, das Augenweiß entspricht dem Körper. Wenn wir körperlich nicht in Ordnung sind, ist das Augenweiß gelb, die Äderchen ein bißchen entzündet.

Beachten Sie wieder den Ausdruck des rechten und des linken Auges: er ist so gut wie immer ungleich. Das linke Auge hat Bezug zum inneren Erleben, das rechte Auge zum äußeren Erleben. Mancher hat meist auf der rechten Seite die Augenbraue etwas hochgezogen. Er beobachtet nach außen, konzentriert sich auf die Außenwelt. Wer mit der Innenwelt Probleme hat, hat oft die halbe Seite wie weggerafft. Rechts ist er klar, das Außen interessiert ihn nicht weiter, die Innenwelt ist »zerknittert.«

Augenbrauen

Das Liddreieck spricht für Spiritualität und Medialität.

Je dichter die Augenbrauen sind, desto stärker sind die Gefühle. Der Temperamentvolle hat buschige Augenbrauen.

Zusammengewachsene Augenbrauen deuten auf Leidenschaftlichkeit.

Hochgewölbte Augenbrauen zeigen Schönheitssinn, Freude am Künstlerischen.

Gerade Augenbrauen, wie mit dem Lineal gezogen, deuten auf eine sehr frühe technische Begabung, ausgesprochen realistischer Denker.

Sehr unordentlich gewachsene Augenbrauen deuten auf Unordnung im Bewußtsein. Kann auch ein Genie sein, das ist auch eine spezielle Form von Unordnung.

Rechte Augenbraue: hier sieht man die Aufmerksamkeit zum Beruf, zu äußeren Dingen.

Sehr hochliegende Augenbrauen: sie zeigen Gefühlsreichtum, Einfühlungsvermögen.

Kurze Augenbrauen: sie zeigen Anpassungsfähigkeit.

Tiefliegende Augenbrauen: Neigung zu Melancholie, gut entwickeltes Konzentrations- und Entschlußvermögen.

Weit auseinander stehende Augenbrauen: gutmütiges, heiteres, offenes Wesen, zuweilen vertrauensselig.

Eng zusammenstehende Augenbrauen: Verschlossenes Wesen.

Kräftig geschwungene Augenbrauen: Geistesgegenwart, gute Auffassungsgabe.

An der Nase hochsteigende Augenbrauen: Großzügigkeit, Optimismus, geistige Beweglichkeit.

Schwach entwickelte Augenbrauen: sie zeigen geringe Ausdauer.

Fehlende Augenbrauen: geringe Lebenskraft.

Auffallend dunkle Augenbrauen: sie deuten auf ein Überwiegen des Gefühls über den Verstand.

Auffallend helle Augenbrauen: Überwiegen des Verstandes.

Blickarten

- *Fest und bestimmt:* Entschlußkraft und gute Auffassungsgabe

- *Durchdringend:* Scharfsinn, Erkennen der Wirklichkeit
- *Kühn und feurig:* Mut, aber auch Unberechenbarkeit und Unabhängigkeit
- *Müde:* Mut- und Kraftlosigkeit, apathisch
- *Unruhig:* Disharmonie, innere Unruhe, Komplexe, Falschheit
- *Funkelnd:* Streitsucht, Reizbarkeit, Fanatismus
- *Verdüstert:* Depression, Krankheit, Resignation
- *Kalt:* Gefühllosigkeit, Härte, auch Dummheit
- *Stechend:* Frechheit, Aufdringlichkeit, Eigensinn
- *Gespannt:* Wissensdrang, Neugier, Aufnahmebereitschaft
- *Erstaunt:* Erstaunen, aber auch Beeinflußbarkeit
- *Umherschweifend:* Oberflächlichkeit, innere Unruhe
- *Strahlend:* Lebhaftigkeit, Idealismus
- *Gütig:* Verständnis, Geduld, reiches Innenleben
- *Finster:* Trotz, Hartnäckigkeit
- *Herausfordernd:* Frechheit, Taktlosigkeit, Aggression
- *Nach unten:* Denkt an Vergangenes, Verlorenes
- *Nach oben:* Denkt an Zukunft oder Ideal
- *Geradeaus:* Denkt an Probleme der Gegenwart

Die Nase

Die Nase zeigt die Persönlichkeit eines Menschen sehr deutlich. Je prägnanter die Nase, desto konsequenter und individueller werden seine Handlungen sein.

Die 6 Nasenregionen

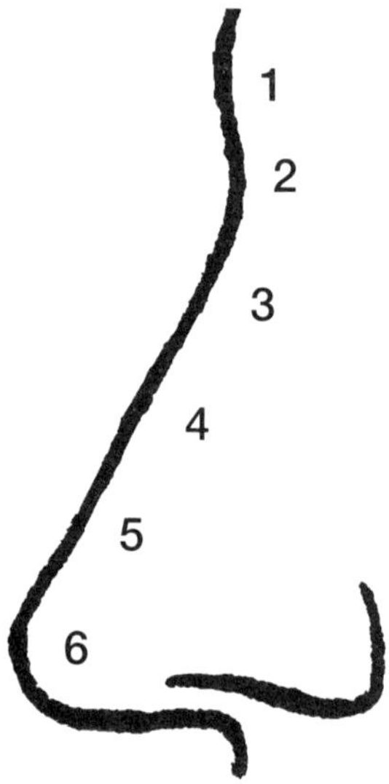

Region 1: (Unterste Stirnregion) Wenn diese Region vorgewölbt ist, ist gute und rasche Auffassungs- und Beobachtungsgabe vorhanden.

Region 2: Einbuchtung zeigt die Verzögerung Gedanke - Tat, aber auch Gründlichkeit und Sorgfalt. Wer eine Einbuchtung an der Nasenwurzel hat, ist gründlicher als andere, aber auch langsamer. Wer das griechische Profil hat, d.h., Stirn und Nase bilden eine Einheit, da ist Gedanke - Tat eine Einheit. Hier gibt es keine Verzögerung durch lange Überlegung. Natürlich ist dann auch die Neigung da, vorschnell zu handeln. Wer eine starke Einbuchtung hat, dessen Stärke ist nicht Schnelligkeit in der Auffassung, aber Gründlichkeit und Sorgfalt. Alle Verbrecher, die »erfolgreich« sind, haben keine Einbuchtung an der Nasenwurzel.

Region 3: Wenn sie vorgebaut ist, ist lebhafter, geistiger Impuls da, aber auch Selbstbewußtsein und geistige Tatkraft.

Region 4: Zeigt den motorischen Antrieb, Tatkraft, Fleiß und Arbeitswillen.

Region 5: Diese Einbuchtung zeigt die Gemütstiefe an (Empfindungen und Mitgefühl). Wer diese Gemütskuhle nicht hat, zeigt damit Härte und mangelndes Mitgefühl.

Region 6: Wenn sie ausgeprägt ist, zeigt sie die Genußfähigkeit, Genußliebe und den Bezug zum Materiellen.

Auch hier gibt es wieder die Einteilung: Körper, Seele, Geist.

Zone 1/2/3 = Geist
Zone 4/5 = Seele
Zone 6 = Körper.

Die Nase zeigt die Individualfunktion, den Ich-Anspruch an die Welt. Dieser Ich-Anspruch ist immer ein sehr sicheres Merkmal.

Wer eine große Nase hat, hat auch immer ein großes Selbstwertgefühl und Durchsetzungsstreben. Jede Überbetonung der Form zeigt eine Überbetonung der geistigen Energie, die dahintersteht (Persönlichkeitsstolz, Geltungsbedürfnis).

Ist die Nase unausgeprägt, ist auch die Persönlichkeit unausgeprägt.

Ist die Nase zu groß oder zu klein, gibt es auch im Charakter ein Mißverhältnis zum Körper oder zum Menschen.

Nasenformen

Eine lange Nase weist auf Gründlichkeit und Ausdauer hin. Starkes Selbstgefühl vorhanden.

Kurze Nase: Weniger Ausdauer, leicht erlahmender Wille.

Lange, nicht weit vorspringende Nase: Egozentrik, Friedlichkeit in den Anforderungen an die Umwelt.

Kurze, weit vorspringende Nase: Weniger ausgeprägtes Selbstwertgefühl, anspruchsvoller.

Nasentiefe

Sie zeigt den Anspruch an die Umwelt.

Arabische Nase: Dekadenzmerkmal, Überanspruch.

Je kleiner die Nase, desto geringer ist das Individualitätsgefühl.

Große Nase spricht für Willens- und Tatkraft, Arbeitsamkeit und Selbstvertrauen.

Große, schmalrückige Nase: unternehmender Geist, allerdings von geringer Ausdauer.

Lange Nase: Geduld, Planung, pädagogisches Talent, Gründlichkeit, Gewissenhaftigkeit.

Kleine Nase: entsprechend weniger davon.

Kleine, kurze und schwache Nase: noch unüberlegt, nicht planmäßig, nicht willensstark, handelt nach Lust und Laune. Mangel an Geduld, Mangel an Überlegung.

Überentwickelte Nase: zeigt Disharmonie. Diese Menschen haben zwar starke Einsichten und sind weitschauend, neigen aber zu plötzlicher Härte, Unnachgiebigkeit, Übervorteilung.

Die Nasenwurzel zeigt das geistige Leben.
Der Nasenrücken zeigt das seelische Leben.
Die Nasenspitze zeigt das körperliche Leben.
Die Nasenflügel zeigen das Gefühlsleben.

Spitze Nasen findet man bei wißbegierigen und neugierigen Naturen. Eine Knollennase zeigt Genußliebe und Gutmütigkeit. Wer eine spitze Nase hat, ist meistens auch neidisch, pingelig, penibel, weil er selbst nicht genußfähig ist.

Der Nasensteg

Ist er nach unten gerichtet, handelt es sich um einen Menschen, der ins Detail geht. Er steckt seine Nase in die Angelegenheiten anderer Leute, weil er alles genau wissen will. Ist der Nasensteg gerade, handelt es sich um einen neutralen Menschen. Ist der Nasensteg nach oben gerichtet (wie beim Kind), handelt es sich um einen Menschen, der noch oberflächlich und flatterhaft ist.

Die Nasenspitze

Je spitzer, knochiger und feiner sie ist, desto größer und asketischer ist der Mensch, aber um so hochqualifizierter wird der Anspruch an die Genüsse, um so mehr Feinschmecker ist man. Je fleischiger, dicker und gröber die Nasenspitze ist, desto größer ist die Genußfreude, wobei dann mehr Wert auf Quantität gelegt wird. Eine breite, unförmige Nasenspitze läßt auf Unmäßigkeit im Genuß schließen. Eine sehr zugespitze Nasenspitze bedeutet Neugierde, Kritiksucht, Pedanterie.

Weitere Nasenformen

Kindernase: das Kind hat noch kein Selbstwertgefühl, es hat nur einen körperlichen Anspruch an die Welt. Die Nasenform ändert sich jedoch im Laufe des Lebens, wenn sich der Charakter verändert, auch beim Erwachsenen.

Sattelnase: bei urwüchsigen Völkern. Sie sind gemütsbetont, die Tatkraft ist nicht betont.

Die ungarische Nase: ist eine Weiterentwicklung davon.

Die deutsche Nase: hier kommen schon Tatkraft und Selbstwertgefühl hinzu. Das Gemüt, das sehr lange als »typisch deutsch« galt, ist an der Gemütskuhle erkennbar.

Die englische Nase: sie ist schon deutlich länger. Hier herrschen Gründlichkeit, Sorgfalt und Toleranz, sowie Duldsamkeit vor. Allerdings fehlt die Gemütskuhle.

Die griechische Nase: auch hier ist die Gemütskuhle fast nicht vorhanden, jedoch Schnelligkeit der Reaktion.

Überentwicklungen der Nasenformen

Die römische Nase zeigt ein überstark ausgeprägtes Selbstbewußtsein. Bei der arabischen Nase ist alles überstark ausgeprägt. Gemüt ist hier nicht mehr vorhanden, dafür Gründlichkeit, Genußsucht, Ich-Anspruch, Machtstreben.

Die Nasenwand

Ist sie groß bis sehr groß, zeigt sie bemerkenswerten Energieeinsatz und Ausdauer im Vorantreiben von Vorhaben und diszipliniertes Vorgehen. Dieser Mensch stellt hohe Anforderungen an sich und seine Mitarbeiter.

Ist der Steg klein bis sehr klein, ist verminderte Ausdauer im persönlichen oder beruflichen Vorhaben vorhanden.

Die Nasenlöcher

Sind sie weit, sind sie ein untrügliches Zeichen für die Fähigkeit, eine Sache für sich selbst vorteilhaft darzustellen. Auch sind sie ein Merkmal für Mut und Selbstbehauptung in Sachen des Gefühls.

Kleine Nasenlöcher sprechen für Ängstlichkeit, Schüchternheit, Unfähigkeit etwas zu riskieren.

Die Nasenflügel

Schlaffe Nasenflügel zeigen ungenügende Atmung an. Kräftig geschwungene und markant elastische Nasenflügel zeigen eine kräftige und tiefe Atmung.

Vibrieren die Nasenflügel, ist man erotisch stark ansprechbar.

Die Nasen-Lippen-Falte

= Intensitätsfalte. Ist sie ausgeprägt, zeigt sie überdurchschnittliche Energie, Vitalkraft, Belastbarkeit (nur wenn sie in der ganzen Länge tief ausgeprägt ist).

Zeigt die Nase insgesamt nach links, ist der Mensch zu passiv, frustiert, gehemmt.

Zeigt die Nase insgesamt nach rechts, ist der Mensch überaktiv, mitunter auch erzwungen.

Läuft die Nase schief nach links, ist die Neigung vorhanden, in Gefühls- und Liebesangelegenheiten unberechenbar zu reagieren.

Hat die Nase einen kalten Hautton, zeigt sie Egoismus, Härte, Selbstbehauptung und Durchsetzung.

Zu Nasenregion 5: ist sie ausgewölbt, wird man vorwiegend vom Verstand geleitet. Ist sie eingefallen, ist man empfindungsreich, eindrucksfähig, gefühlvoll.

Je mehr der Nasenrücken an dieser Stelle ausgewölbt ist, desto größer ist die Gemeinschaftsbezogenheit und die Bereitschaft zur Unterordnung.

Zu Nasenregion 2: ist sie breit, zeigt sie gute Auffassungsgabe. Je breiter sie ist, desto besser ist auch der Formensinn und desto größer ist auch eine natürliche Menschenkenntnis entwickelt.

Ist die Nasenwurzel messerscharf, ist der Formensinn, die natürliche Menschenkenntnis ausgeprägt. Sie deutet dann auf eine Entscheidungsschwäche hin.

Je tiefer die Einbuchtung der Nasenwurzel ist, desto langsamer ist die Auffassung, aber desto gründlicher und ausdauernder ist man.

Je flacher der Übergang von der Stirn zur Nase verläuft, desto rascher und leichter ist die Auffassung, desto unbeschwerter die seelische Reaktion. Die Gefahr der Oberflächlichkeit und Flüchtigkeit ist gegeben.

Der Mund

Er dient der engen Verbindung zur Materie: Nahrungsaufgabe, Kontakt mit unseren Mitmenschen in der Sprache und im Kuß.

Wir achten hier bei Gemütsbewegung auf ein verräterisches Zucken der Mundwinkel, ein Öffnen oder Zusammenpressen der Lippen. Spielen mit der Zunge, ein Verschieben oder Einziehen der Unterlippe. Das sind Zeichen dafür, daß der Mund immer spricht, auch wenn er gerade nichts sagt.

Aus derben, großen Formen spricht hier grobe Art. Auch ist hier wieder eine eventuelle Asymmetrie zwischen rechter und linker Lippe bzw. Mundpartie zu beachten. Steht die Oberlippe über die Unterlippe vor, haben wir es mit einem gutmütigen Wesen zu tun. Steht die Unterlippe weiter vor, spricht das von Lebhaftigkeit, Hinwendung zu den Realitäten, auch zur Sexualität.

Auch das Mitbewegen der Zunge sagt etwas: wer sich häufig über die Lippen leckt, ist ein dem Genuß zugewandter Mensch (Essen, Sexualität). Wer beim Nachdenken prüfend über die Lippen leckt, geht den Formen gedankenverloren nach. Er denkt sinnlich und besinnlich.

Die Feinheit des Denkens, die Ästhetik und Ethik sehen wir aus dem Amorbogen.

Wirkt der Mund
- voll: ein Zeichen für gesteigerte Lebendigkeit der Sinne
- weich: gesteigerte Gefühlshaftigkeit
- scharf: Intellektualität
- hart: Willensbestimmtheit

Ist der Mund
- groß: starke Vitalität, Schönheitssinn, Genußliebe
- groß mit fleischig-dicken Lippen: Triebhaftigkeit, Sinnlichkeit
- breit mit sehr schmalen Lippen: Gefühlskräfte, Härte
- klein und wohlgeformt: zeigt an, daß der Wille die Sinnlichkeit beherrscht

Allgemein zum Mund

- Großer Mund: starke Erlebnisfähigkeit, Ungezwungenheit, Großzügigkeit
- Kleiner Mund: geringe Erlebnisfähigkeit
- Lippenfarbe: zeigt die Durchblutung, Drüsentätigkeit, Vitalität. Ein Kranker hat abgeschlaffte, blasse Lippen durch schlechten Kreislauf. Er ist wenig belastbar und hat wenig Lebenskraft.
- Der spitze Mund: zeigt Angriffslust
- Der krumme Mund: zeigt einen nicht geraden Charakter
- Wenn die Oberlippe »plissiert« ist (besonders bei älteren Damen), läßt die Hormontätigkeit nach.

Die Lippen

Die feine Gliederung von Ober- und Unterlippe zeigt Gefühlsreichtum, Vielseitigkeit und Anpassung.

Beim sinnesfrohen Mund sind die Lippen voll. Volle, frische und rote Lippen sind ein Zeichen von Jugend und Gesundheit.

Sind die Lippen nur ein Strich, spricht das für Gefühlshärte, die einzige Leidenschaft ist meistens der Geiz.

Je voller die Lippen sind, desto sinnesfreudiger ist der Mensch, bis zur Genußsucht.

Je trockener die Lippen sind, desto strenger ist der Mensch mit sich und anderen, bis zur Askese.

Die Oberlippe

Sie stellt mehr das Gefühl, das Geistige dar, zeigt das Empfindungsleben. Ist sie dreifach geschwungen, zeigt das einen stark entwickelten Schönheitssinn. Ragt sie über die Unterlippe hinaus, deutet das auf eine altruistische, entgegenkommende, gutmütige, gefühlsbetonte, vor allem gebewillige Lebenshaltung.

Eine dicke, aufgeschwollen wirkende Oberlippe ist ein Zeichen von Schwäche, Schüchternheit, mangelnder Energie.

Ist die Oberlippe nur noch ein Strich und sehr lang, ist das ein Zeichen von Unflexibilität, Kritiksucht, fehlender Anpassungsfähigkeit.

Vorspringende Oberlippe: Selbstbescheidung, Aufopferung für den Partner. Kleine, längs verlaufende Fältchen zeigen auch Verschlossenheit, zuweilen Verbissenheit.

Die Länge der Oberlippe zeigt die Festigkeit des Charakters (z.B. Indianer haben lange Oberlippen, Neger haben zwar volle, aber kurze Oberlippen). Eine kurze Oberlippe zeigt Weichheit und Nachgiebigkeit. Eine gestraffte Oberlippe zeigt konzentriertes Denken.

Die Unterlippe

Sie zeigt das Körperliche, Materielle, Sinnliche und das Genußleben.

Eine weiche, etwas hängende Unterlippe zeigt den Mangel an innerem Halt und den Grad der Verführbarkeit. Eine volle Unterlippe zeigt grobe Sinnlichkeit und starke Ich-Sucht.

Eine gerade Linie im Mund mit mäßig vollen Lippen zeigt die Beherrschung der Dinge, einen klaren und geraden Charakter, der sich und andere gut beherrschen kann.

Verschlossene Lippen zeigen Unnahbarkeit - geöffnete Lippen zeigen leichte Zugänglichkeit.

Eine harmonische Unterlippenform deutet auf Takt, Vornehmheit und gutes Benehmen hin.

Die Zähne

Auf einem der letzten zahnärztlichen Kongresse in Amerika kam dieses interessante Thema zur Verhandlung, über das ein Londoner Zahnarzt berichtete: Die Zähne des Menschen geben die untrüglichsten Hinweise auf dessen Charaktereigenschaften.

- Wankelmütige, geizige und charakterschwache Personen haben vorspringende Kaninchenzähne in Verbindung mit zurückstehendem Kinn.

- Weit auseinanderstehende Zähne deuten auf starke erotische Veranlagung.

- Sehr weiße, kurze, reiskornähnliche Zähne, die von schwächlicher Bildung sind, lassen einen Rückschluß auf nervöses, sich innerlich aufreibendes Temperament zu, das mißmutig und jähzornig ist.

- Niedrigkeit und Starrsinn im Denken und Handeln dokumentiert sich durch kurze Zähne und betontes Zahnfleisch.

- Mißgeformte, unebene Zähne sind ein sicheres Anzeichen für beschränkte Intelligenz.

- Besonders große Vorderzähne (Schneidezähne) findet man bei geistig beweglichen Naturen, die gut mit dem Wort umgehen können.

- Unregelmäßig stehende Zähne deuten auf seelische Zwiespältigkeit hin.

- Sehr spitze Zähne deuten auf rasches Reaktionsvermögen, Reizbarkeit, Angriffslust.

- Vorstehende untere Zähne deuten auf Ich-Betontheit und materialistische Einstellung hin. Das Willenselement ist vorherrschend.

- Wenn die oberen Schneidezähne weit nach vorne gebogen sind, wird das Denken vom Instinktleben aufgesogen.

- Sind die Vorderzähne des Oberkiefers groß, ist das ein Zeichen für hochgradige Sensibilität, starke literarische oder künstlerische Veranlagung.

Das Kinn

Das Kinn ein typisches Merkmal des Menschseins und der Ausdruck des bewußten Wollens.

Die nach vorn drängenden Triebkräfte aus der Region des Kleinhirns werden von den nach unten wirkenden Kräften des Bewußtseins aus der Region des Großhirns gezügelt.

Die Ausprägung der Kinnspitze zeigt den Zielwillen. Ist die Kinnspitze nach unten gerichtet, zeigt sie Härte, ist sie nach vorne gerichtet, zeigt sie Impuls.

Je ausgeprägter die Kinnspitze ist, desto länger ist die Willensachse und desto eigenwilliger ist auch der Mensch; desto größer ist auch seine Fähigkeit, sich vernunftbetont zu verhalten und desto geringer ist die Neigung, sich von niederen Triebkräften bestimmen zu lassen. Er ist ein aus freiem Entschluß Handelnder, der sich seiner Verantwortung gegenüber der Schöpfung bewußt ist (Lavater: »Je mehr Kinn, desto mehr Mensch«).

In den seitlichen Kieferbogen zeigt sich der Grad der Durchführungs- und der Durchsetzungskraft. Je breiter sie sind, desto belastbarer ist der Mensch; je länger sie sind, desto stärker ist der Mensch.

Am Grübchenpunkt kann man erkennen, wie empfindlich das Ich eines Menschen ist. Tritt dieser Punkt stark hervor, reagiert der Mensch sehr heftig auf Angriffe gegen seine Person und versteht in diesem Punkt keinen Spaß.

Eine Wölbung in der Mitte des Kinns bedeutet starken Willensimpuls, Eigenwilligkeit, Verletztlichkeit und scharfe Reaktion, wenn jemand an diesem Menschen zweifeln sollte.

Der Punkt unterhalb der Oberlippe: wenn dieser Punkt schön geschwungen ist, d.h., wenn die Unterlippe von unten vorgewölbt ist und nicht von oben herüberhängt, ist das die Ästhetik der Durchführung, die Sauberkeit des Denkens und des Handelns, mehr des Handelns. Wer das hat, wird nie jemanden übervorteilen oder eine Schwäche des anderen ausnutzen.

Im umgekehrten Fall muß man mit einem harten Partner rechnen, der sich zwar noch korrekt-geradlinig verhält, aber mit Härte seinen Standpunkt durchsetzt.

Sollte jemand an dieser Stelle ein »Hübbelchen« haben, dann nimmt er es nicht so genau mit der Wahrheit und der Gerechtigkeit.

Das Kinnprofil

Wenn Kinn und Stirn eine Linie bilden, herrscht Mäßigkeit der Kraft vor.

Wenn in dieser Stirn-Kinn-Linie das Kinn vorspringt, ist rasche und leichte Erregbarkeit vorhanden, auch Ungeduld, Voreiligkeit, Heftigkeit - Stürmernatur.

Ist in dieser Linie das Kinn zurückfallend, ist der Mensch langsam, zögernd, abwartend, unentschlossen und beherrscht. Er nimmt sich zurück.

Auch die vier Temperamente sind am Kinn erkennbar:

Der Phlegmatiker hat wenig Spannung am Kinn, das Gewebe ist matt, zeigt keinen Impuls. Unter dem Kinn hat er einen Fettring. Er verhält sich abwartend und träge.

Der Choleriker hat das vortretende Kinn, in dem viel Spannkraft ist. Er ist aktiv, zeigt lebhaftes Tempo und regen Impuls. Er wird leicht zornig, tritt für den Fortschritt ein.

Beim Sanguiniker sind Kinn und Untergesicht voll, rund und lebhaft. Er liebt Wein, Weib und Gesang und glaubt, ohne dieses bliebe er ein Narr sein Leben lang.

Der Melancholiker hat ein langes, gerades Kinn. Er ist verdrießlich und hält am Alten, Konservativen fest.

Die Kinnbreite

In der Breite des Kinns zeigt sich die Wirkung der elektrischen Energie. Dadurch entsteht Durchsetzungskraft und Unbeugsamkeit bis zur Härte gegen sich und andere.

Die Kinnbreite ist auch ein Kennzeichen für starke Körperkraft. Wenn die Formen eckig sind, besteht eine Neigung zu Gewalttätigkeit und Brutalität. Je eckiger die Formen sind, desto mehr

Willenshärte ist vorhanden. Sie äußert sich in unberechenbarer Tatenenergie und Aggression.

Allgemein zeigt sich in der Kinnbreite eine starke Muskelkraft, insbesondere auch eine starke Herzmuskelkraft. Dadurch entfalten solche Menschen mit einem breiten Kinn eine große Zähigkeit in der Durchführung ihrer Vorhaben und in der Überwindung von Hindernissen. Sie schrecken auch vor großen Schwierigkeiten nicht zurück und haben eine Ausdauer, die bis zum Starrsinn geht.

Das kleine, zarte Kinn

Es zeigt einen Mangel an Willenskraft. Ein Mensch mit diesem Kinn ist mehr abwartend, anlehnungsbedürftig und unterliegt leicht im Lebenskampf.

Er ist weich, sanft, zart, empfindlich und empfindsam und hat eine Neigung zu schöngeistiger Schwärmerei. Er ist bescheiden, zurückhaltend und nicht fähig, größere Schwierigkeiten zu überwinden, weil er zu nachgiebig ist. Er neigt zu psychosomatisch bedingten Krankheiten und verzweifelt leicht am Leben. Er ist furchtsam, schüchtern, unbeständig, dabei oft langsam, unentschlossen und hat nur geringe Körperkraft.

Ein schön modelliertes Kinn zeigt Fingerfestigkeit, Sinn für veredelte Lebenskultur und Kunstempfinden, sowie ein Talent, mit Kindern und Tieren besonders gut umzugehen.

Das lange Kinn

Es ist ein Zeichen für Ausdauer und Zielstrebigkeit des Willens. Je länger das Kinn eines Menschen ist, desto konsequenter handelt er, allerdings desto unbelehrbarer und eigensinniger kann er auch sein.

Viele erfolgreiche Sportler haben dieses Kinn, besonders wenn ihre Sportart Ausdauer und Härte verlangt. Es ist ein Zeichen für große physische Kraftreserven, für die Beharrlichkeit des Willens und Stärke im Durchhalten unter Strapazen.

Das eckige Kinn

Es findet sich hauptsächlich bei vernunftbetonten, charakterfesten Menschen. Menschen mit diesem Kinn wissen genau, was sie wollen. Sie sind ebenfalls zielstrebig und ausdauernd, haben eine kämpferische Lebensnatur und Lebenseinstellung, die bis zum Draufgängertum geht.

Nur bei ganz harten Formen zeigen sich ungezügelte Impulse, die zu Affekthandlungen führen können. Dieser Typ kann auch mal mit der Faust auf den Tisch schlagen.

Das spitze Kinn: Es ist ein Zeichen von körperlicher und seelischer Sensibilität und rascher Reaktionsfähigkeit (zielgerichteter Impuls). Auch ein Anzeichen für Unruhe im Gemüt, sehr zufriedenstellendes Wesen, Überempfindlichkeit und Gereiztheit.

Spitzes, vorspringendes Kinn: starke Impulsivität und Erregbarkeit, wobei es aber an Durchsetzungsvermögen wie auch an Ausdauer mangelt. Ständiger Gegensatz zwischen Wollen und Können.

Volles, rundes Kinn: Zeichen harmonischer Energie und Ausdauer. Menschen mit diesem Kinn sind häuslich, harmonisch.

Ein rundes Kinn spricht für Güte und Lebensjahung.

Ein Doppelkinn oder fettes Kinn zeigt Bequemlichkeit und Wohlleben, Phlegma und Selbstzufriedenheit. Allerdings sind diese Menschen nicht wirklich glücklich, weil sie in jeder Beziehung unersättlich sind und dabei auch an den unvermeidlichen Folgen ihrer Maßlosigkeit und Genußsucht leiden.

Allgemeines

Das Kinn ist kennzeichnend für die Willenskraft.

Je vorspringender es ist, desto rascher, impulsiver, ungeduldiger ist die Willenskraft.

Das stark hervorstehende Kinn unterstreicht den Durchsetzungswillen und die Tatkraft.

Wenn es mit Grübchen versehen ist, kommt Wohlwollen hinzu, wenn es mit einem Einschnitt versehen ist, kommt das Abwägen hinzu.

Kinnspitze nach vorne: offensives Vorgehen
Kinnspitze nach hinten: defensives Vorgehen
Kinnspitze nach unten: neutrales, geradliniges Vorgehen.

Das zurückfallende Kinn zeigt Energielosigkeit, Willensschwäche, Ängstlichkeit, auch schwache motorische Nerventätigkeit.

Kleines, zurückliegendes Kinn zeigt unausgeprägte Individualität, auch Unsicherheit, Wankelmut, geringe Ausdauer.

Eine tiefe Einkerbung in der Mitte des Kinns zeigt den gescheiten, resoluten Menschen, der alles gründlich durchdenkt, beide Seiten abwägt, bevor er eine Sache beginnt. Ein glattes Kinn zeigt sachliches Denken. Ein glattes Kinn ohne Zeichnung gehört selten einem sympathischen Menschen. Ein ovales Kinn zeigt Schönheitssinn. Ist ein Grübchen da, zeigt es neben Gemütlichkeit auch Selbstgefälligkeit, auch ein zuvorkommendes Wesen.

Der Unterkiefer

An seiner Gestaltung ist die Tatdurchführung zu erkennen.

Die besonders breite Form des Unterkiefers gibt starke Triebenergie zu erkennen. Es können enorme Kraftleistungen erbracht werden (Durchsetzen um jeden Preis). Es ist ein Kennzeichen für Robustheit, Härte gegen sich und andere, aber auch Härte und Robustheit gegen Krankheiten, außerdem für die Fähigkeit zu entbehren.

An der Linie des Kieferbogens sehen wir die Art, wie diese Triebkraft eingesetzt wird: Ist er schön gerundet, ist zwar starke Triebkraft da, aber sie wird harmonisch eingesetzt.

Ist er eckig, handelt es sich um einen impulsiven Menschen, der mit seiner Tatkraft voll in eine Sache springt und dann wieder genauso voll in eine andere.

Viele Menschen, die ein gut ausgeprägtes Kinn haben, die also impulsiv sind und Tatkraft besitzen, haben am Unterkieferbogen Einbuchtungen, das sind die »Ja - aber...« - Menschen.

Betonungen im Profil

- *Stirn betont:* Neigung zur Phantastik, Idealismus, Ethik, auch Übersteigerung geistiger Art.

- *Nase betont:* Neigung zur Überschätzung, Ich-Sucht, Subjektivität, schwer beeinflußbar.

- *Mund betont:* Triebhaft, vorwiegend sinnhafte Auffassung.

- *Kinn betont:* Rasche Durchsetzungskraft, voreilig, im Affekt handelnd.

- *Kinn zurückliegend:* Zögernd, unentschlossen, zurückhaltend, gehemmt.

Das Ohr

Das Ohr zeigt die seelische Empfänglichkeit, die Empfindungstiefe und die Beeindruckbarkeit eines Menschen.

Außerdem zeigt es die Feinstruktur des Gemütes und die Innenkultur der Persönlichkeit.

Ohren zeigen eine Grundveranlagung, sie sind nur allmählich veränderbar. Sie sagen aus, wie man die Umwelt aufnimmt. Besonders sind Bezirke im Ohr zu beachten, die nicht ausgeprägt sind.

Die Größe des Ohrs sagt etwas aus über die Anlage eines Menschen. Die Struktur eines Ohres macht Aussagen über die Ausarbeitung der Anlage.

Im Ohr gibt es wieder die drei Prinzipien:

Körper - Seele - Geist

Je mehr Windungen ein Ohr aufweist, desto rascher ist die gefühlsmäßige Aufnahmefähigkeit äußerer Eindrücke und um so klarer ist die Bewußtseinskraft innerer Seelenschwingung.

Aus der Feinheit der Windungen des Ohres ersieht man den Adel der Seele.

Jedes Kind bringt schon bei der Geburt das äußerlich gestaltete Ohr mit. Das behält es ziemlich unverändert für das ganze Leben.

Die Ohren sind im wesentlichen ein Symbol der Vergangenheit. Sie zeigen, was man im Laufe des Lebens entwickelt hat.

Große Ohren zeigen große Eindrucks- und Ausdrucksfähigkeit, Vielseitigkeit und Betätigungsdrang, auch Hang zum Monumentalen.

Große, wohlgeformte Ohren deuten auf ein akustisch und psychisch gutes Aufnahmevermögen, sowie auf Sinn für Schönheit und Harmonie, auf Offenheit, Lebensmut und geistige Beweglichkeit.

Übermäßig große und dicke Ohren deuten auf Schwerfälligkeit und Trägheit. Schwammige Ohren gehören zu genußsüchtigen Menschen, die seelisch unempfindlich sind und ein abgeschwächtes Gefühlsleben besitzen.

Kleine Ohren deuten auf geringere seelische Aufnahmefähigkeit. Wer kleine Ohren hat, wird feststellen, daß er sehr schnell überfordert ist und sehr schnell auf die Grenzen seines Fassungsvermögens stößt. Er wird schneller nervös und ist schnell gefühlsmäßig beeindruckt. Er weint schnell. Vorherrschend ist subtile Empfänglichkeit und Empfindung, Unbeständigkeit, Schüchternheit bis Ängstlichkeit, Gedämpftheit, Zaghaftigkeit, innere Hemmung.

Ist das rechte Ohr größer als das linke, triumphieren die Instinkte über die physischen Kräfte. Ist das linke Ohr größer als das rechte, so haben Vernunft und Überlegung gegenüber dem Instinkt Oberhand.

Lange, schmale Ohren gehören zu gelehrigen aber konservativen Menschen, die zwar ausdauernde Kräfte besitzen, deren Leben aber ruhig und ohne Sensationen verläuft.

Die Ohrachse

Das ist die Schräge, mit der das Ohr angewachsen ist.

Eine mäßige Schräge deutet auf diplomatische Klugheit und auf Zugewandtheit der Außenwelt gegenüber.

Je schräger die Ohrachse ist, desto aggressiver, aber auch unaufrichtiger kann der Charakter sein.

Gerade bzw. senkrechte Ohrachsen deuten auf Geradheit, Offenheit und Wahrhaftigkeit.

Die Ohrhöhe

Ein tiefsitzendes Ohr zeigt eine materielle und materialistische Einstellung. Es sind weniger zugängliche, aber ehrgeizige Menschen. Menschen mit sehr tiefsitzenden Ohren neigen zu Rücksichtslosigkeit. Sie sind Realisten.

Hochliegende Ohren findet man bei umgänglichen und empfindsamen Menschen.

Das zu hochgestellte Ohr läßt den Blick für das Reale vermissen. Das sind Menschen, die eher in den Wolken schweben, viele Ideale haben, aber zu leicht den Boden unter den Füßen verlieren.

Ein hochliegendes Ohrloch bedeutet, daß der Mensch nach Gefühlen handelt. Hier wird das Gefühl zu sehr berücksichtigt. Es besteht Tendenz zu leichterem Sinn, Oberflächlichkeit und Leichtfertigkeit.

Das tiefliegende Ohrloch zeigt nüchternes, reales Denken, Gewissenhaftigkeit und Treue zu der eigenen Art.

Anliegende Ohren zeigen geringe vitale Spannkraft. Dadurch entsteht Friedensliebe, Zurückhaltung, Fügsamkeit bis zur Unterwürfigkeit.

Mäßig abstehende Ohren zeigen Betätigungs- und Äußerungsdrang, Ideenreichtum, Diskussionslust und Aufgeschlossenheit.

Sehr weit abstehende Ohren sind kennzeichnend für übersteigerte Spannkraft, ungehemmte Impulsivität, unbändigen Tatendrang und Erlebnishunger. Es ist dabei darauf zu achten, welcher Teil eines Ohres absteht. Es müssen nicht unbedingt alle drei Bereiche des Ohres betroffen sein.

Das Musikerohr zeichnet sich dadurch aus, daß die innere Struktur des Ohres sehr harmonisch mit klaren Linien gezeichnet ist. Das Ohrloch ist beim Musiker direkt einzusehen.

Die Prägung der Ohrmuschel

Ist der äußere Rand des Ohres stark eingerollt, spricht das für Introvertiertheit, Insichgekehrtheit bis zur Depressivität.

Beim nach außen geöffneten Menschen ist die Ohrmuschel ganz offen.

Wenn der zweite Wulst unterhalb der Muschel den äußeren Wulst überragt, handelt es sich um einen Menschen, der sich äußern will, beachtet werden will, notfalls verschafft er sich Achtung.

Wenn der äußere Rand hervorsteht, ist es ein zurückhaltender Mensch.

Die drei Bereiche des Ohres

Der körperliche Bereich - das Ohrläppchen:

Ein volles Ohrläppchen spricht für gute Drüsentätigkeit, gute Gesundheit, Belastbarkeit.

Ein angewachsenes Ohrläppchen spricht für eine Disposition zu Kreislaufschwäche. Wer das hat, hat auch stärkere Stimmungsschwankungen, Unbeständigkeit, plötzliches Erlahmen der Energie, Geistesflüchtigkeit.

Stark angewachsene Ohrläppchen: Unbeständigkeit bis zur Gewissenlosigkeit, schlechte Lymphtätigkeit.

Ein mageres Ohrläppchen bedeutet langsame Bluterneuerung, schlechte Lymphdrüsentätigkeit, wenig materielle Einstellung.

Übergroßes Ohrläppchen: plump, bösartig, Selbstgefälligkeit, materiell veranlagt, Überlastung der Bauchlymphe.

Ungewöhnlich lange Ohrläppchen sind meist verbunden mit hervorragenden geistigen Qualitäten. Unter Genies gibt es besonders viele Personen mit langen Ohrläppchen.

Der seelische Bereich - das Mittelohr:

Dieser Teil zeigt die seelische Empfänglichkeit, die Entfaltung der Gemütskräfte, vor allem im ästhetischen Empfinden und künstlerischen Schaffen.

Je grober und undifferenzierter das Innere der Ohrmuschel ausgebildet ist, desto grober, einfacher und stumpfer ist auch das Seelenleben. Eine Ausprägung in diesem Bereich am Ohrrand zeigt bildnerische Begabung.

Der geistige Bereich - das Oberohr:

Dieser Teil zeigt die Auswirkung der höheren Empfindungskräfte.

Je harmonischer und wohlgerundeter das Oberohr ist, desto vollkommenere Ausgewogenheit besteht zwischen Fühlen, Denken, Gemüt und Verstand.

Im musischen Bereich kennzeichnet das Oberohr, wenn es besonders ausgeprägt und das Ohr dort am breitesten ist, die sprachlich-literarische, schöngeistige Begabung.

Eine Verformung an der Stelle zeigt, daß dort magnetische Kräfte zumindest nicht miteinander wirken, wenn nicht sogar gegeneinander.

Das Oberohr zeichnet genau die Schädeldecke nach. Ist der hintere obere Teil des Ohres hochgezogen, spricht dies für hohe Geistesgaben, die aber nicht ganz sinngemäß genutzt werden.

»Blumenkohlohren«: Sie sind immer ein Zeichen für eine schwere seelische Verformung, wenn sie nicht nachträglich z.B. durch Boxen erworben worden sind.

Eine kleine Lücke oben am Ohr (am Darwinpunkt) zeigt Originalität, Eigenwilligkeit, Anderssein.

Das Gesicht

Die linke Gesichtshälfte zeigt immer das Innenleben - die rechte Gesichtshälfte das Verhalten zur Umwelt.

Nehmen Sie:

1. Fotografien bekannter Gesichter
(Man muß das Negativ verkehrt herum kopieren lassen und dann die beiden Hälften zusammenlegen).

2. Eine eigene Aufnahme
Ein Portrait von vorne und eines von der Seite. Sie brauchen es ohnehin, um sich kennenzulernen.

Oder:

Sie legen ein normales Foto vor sich und stellen einen Spiegel senkrecht auf die Mitte, so sehen Sie einmal beide Hälften als ein ganzes Gesicht.

Selbsterkenntnis ist keineswegs immer erfreulich.

Wenn wir sorgfältig alles betrachten, wird uns manches auffallen, was uns nicht so ganz gefällt. Lassen Sie sich aber weder bei sich noch bei anderen durch Kritik oder durch Schmeichelei beeinflussen, weil weder Lob noch Tadel eine neue Wirklichkeit schaffen.

Die Dinge sind so wie sie sind: sie werden durch Kritik nicht schlechter, und sie werden durch Lob nicht besser.

Die wichtigsten Gesichtsformen

- Breites Gesicht: Durchsetzungsvermögen, vorwiegend auf realem, materialistischem Gebiet.

(Raubtiere haben breite, niedrige Gesichter, Beuteltiere haben schmale, lange Gesichter).

- Längliches Gesicht: Durchsetzungsvermögen auf geistigem Gebiet.

- Langes und breites Gesicht: eigenproduktive Kraft.

- Breite Stirn, schmales Untergesicht: vorwiegend Durchsetzungsvermögen idealer Interessen.

- Kleine Nase: leicht beeinflußbar, bescheiden, unpersönlich, noch nicht entwickelt.

Die Wangen

Sie stellen im Gesicht das Gefühlsmoment dar. Kummer höhlt sie aus, Weisheit, Lebenserfahrung und Feinsinnigkeit zeichnen sie mit zarten, sanft modellierten Linien. Die Fülle der Wangen sagt etwas aus über die Herzkraft.

Volle Wangen - starkes Herz, eingefallene Wangen - schwaches Herz.

- Hängende Wangen: jemand ist nicht mehr in der Lage, die Lebensprozesse zu verarbeiten und zu durchdringen.

- Schlaffe Wangen: schwächliche Gesundheit.

- Hohle, bleiche, eingefallene Wangen: stark angegriffene Gesundheit. Weist auf starke Verausgabung der Körperkräfte hin.

- Harte, straffe Wangen: deuten auf ein kühles Gemüt.

- Grübchen in den Wangen: zeigen ein freundliches, aber wankelmütiges Naturell.

Runde, flache Grübchen findet man bei liebenswürdigen, liebenswerten und liebebedürftigen Personen.

- Eine Wange, die sich beim Lächeln ein wenig zu den Augen emporzieht, deutet auf Empfindsamkeit, Großzügigkeit und einen Charakter, der zu keiner Niedrigkeit fähig ist.

Der Bart

Wer einen Bart trägt, will damit ganz bewußt oder auch unbewußt seine Männlichkeit unterstreichen.
Meist sind es unmännliche Männer, die sich nicht männlich genug sind.
Es ist aber auch möglich, daß es sich um einen sehr männlichen Mann handelt, der sich selbst nicht männlich genug ist.

Bartform

- *Vollbart:* wuchert, ungestutzt, spottet jeder Beschreibung, sagt aus: »Ich bin urwüchsig, ein Gefühlsmensch«. Eigenschaften: Spontaneität, genußoffen, kreativ und handwerklich geschickt. Neigung zu extremen Gefühlslagen, Entdeckungs- und Eroberungstrieb.

- *Knebelbart:* Schnurrbart, rund. Eigenschaften: das ist der Tüftler, der alles einmal ausprobieren will, sich aber nicht gerne festlegt. Sein Selbstwertgefühl ist meistens nur vorgetäuscht.

- *Die Fräse:* ein Kranz Haare rund um das Gesicht, verlängerte Koteletten, nur 2-3 cm breit. Eigenschaften: Wer sich für diesen Bart entscheidet, ist offen, wie er sich gibt. Was er sagt, hat Hand und Fuß. Was er plant, setzt er in die Tat um. Er will eine Partnerin als Frau, die mit ihm etwas auf die Beine stellt. Er ist gerne mit gleichgesinnten Freunden zusammen. Er ist Realist, Planer, Organisator. Romantik kommt bei ihm zu kurz.

- *Gestutzter Vollbart:* sehr gepflegt. Der Träger dieses Bartes ist gehemmter und empfindsamer als es den Anschein hat. Oft liegt hier eine gehörige Portion Zärtlichkeit brach. Mitunter versteckt sich dahinter auch Schwäche und Unentschlossenheit. Bevorzugt Frauen mit Durchblick, weil er ihn nicht hat.

- *Der »Seelenmechaniker-Bart«:* nur ein kleiner Strich auf der Oberlippe. Wer diesen Bart wählt, kennt keine Tränen. Sein Temperament ist kalt bis unterkühlt. Sein Durchstehvermögen ist vorbildlich, sein Selbstbewußtsein nicht zu erschüttern. Er geht durch das Leben mit dem Charme eines Haifisches.

- *Der Gentleman-Bart:* Schnurrbart, aber voller. Selbstbewußt, genußfreudig, aufgeschlossen. Er interessiert sich für alles, was im Leben Spaß macht, ist für alle Erfahrungen offen. Die Frau, die ihn liebt, hat das Gefühl, daß alles, was vor ihm war, nur Liebelei war. Sie weiß, daß solch ein Mann ihr kein zweites Mal über den Weg läuft. Andere Frauen wissen das aber nicht und ziehen ihn magisch an.

- *Der spanische Bart:* Gentleman-Bart mit Spitze nach oben und Kinnspitze. Ein Mann, der diesen Bart wählt, zieht das Schöne dem Alltäglichen vor. Er fühlt sich vom Außergewöhnlichen angezogen, von Abenteuer, Luxus und schönen Frauen. Die Welt ist für ihn eine Bühne und er ist der Hauptdarsteller. Er kleidet sich gerne in »Samt und Seide«. Er genießt zwar die Gesellschaft der Schönen, ist aber der Frau seines Herzens ein Leben lang treu.

- *Der Tataren-Bart:* Schnurrbart mit langen Spitzen nach unten. Sein Träger will die Welt verändern. Mit dem, was da ist, kann er sich nicht zufrieden geben. Die Gegenmeinung ist sein Lebensprinzip. Er ist eigenwillig und kritisch, macht sich oft das Leben unnötig schwer. Er lebt nach dem Motto »Nur keinen Streit vermeiden«. Er braucht eine Partnerin, die wirklich mit beiden Beinen im Leben steht.

- *Der Backenbart:* verlängerte Koteletten. Für den Mann, der sich langsam an den Bart und an das Leben herantastet. Ein Mann, der sich für ein Super-Menue im 5-Sterne-Restaurant an 6 Tagen der Woche mit Billigkonserven zufrieden gibt. Er trägt »sie« auf Händen. Man muß ihn nach seiner Facon glücklich werden lassen. Er ist ein Mann, der sich mit dem Leben und der Welt arrangiert hat.

- *Der Optimisten-Bart:* der spanische Bart ohne Kinnbart, nur Schnurrbart nach oben. Dieser Mann hat immer einen Witz auf Lager, nichts wird so recht ernst genommen und tragisch erst recht nicht. Da er Probleme so gut wie immer verdrängt, ist er fast immer glücklich. Auch wenn das Leben ihn beutelt, ihm fallen immer nur Sonnenstrahlen ins Auge. Alles andere weigert er sich wahrzunehmen.

- *Der Hanseaten-Bart:* Fräse ohne Kinn, rundum. Das Leben bedeutet für den Träger dieses Bartes Ordnung, Planung, Überlegung. Überlegt und vorausschauend wird alles angegangen. Spontaneität liegt ihm nicht, obwohl sein Geist beweglich und sein Gemüt ausgeglichen ist. Er ist ein idealer Familienvater.

- *Der Gutsherren-Bart:* Schnurrbart in voller Breite, alles nach unten gekämmt. So schmückt sich nur einer, dessen Lebensstil vor allem Lässigkeit bedeutet. Er ist ein Mann, der das Leben und die Frauen kennt, was ihm eine gewisse Abklärung gibt, eine Abgeklärtheit, die ungeheuer anziehend ist, eine Schulter, an die sich manche Frau gern anlehnen möchte. Doch das geht nur vorübergehend gut. Die tolerante Haltung, die dieser Mann nach außen vertritt, kostet ihn einen großen

Teil seiner Energie. Er fühlt sich von Frauen angesprochen, die zupacken und geradeheraus sind, die sich über seine unbestreitbare Wirkung in großer Gesellschaft freuen, ihn aber nicht beim Wort nehmen.

- *Klassischer Knebelbart:* Schnurr- und Kinnbart, auf ein Minimum reduziert. Gezirkelte Rasierlinie ist Prinzip. Diesen Bart wählt der Mann mit Führungsanspruch und dem Willen, sich durchzusetzen, koste es was es wolle. Geduld, Nachsicht und Mitgefühl sind für ihn Fremdwörter. Er weiß, was er will und tut dies auch. Verständnis für andere ist bei ihm nicht drin, krumme Touren auch nicht. Er ist gerade, korrekt, zielbewußt und hart.

- *Kinnbart:* mit einer leichten Rundung. Deutet auf schnelles Denken und Zielstrebigkeit. Er gefällt den Männern mit elitärem Anspruch. Es ist ein Mann, der seiner Lebensgefährtin gern die Führung im Alltag überläßt, wenn sie ihm nur seine »Rosinen« läßt.

- *Zwirbelbart:* Schnurrbart hochgezwirbelt und gestriegelt, in diese Lage künstlich gezwungen. Er verrät, daß sein Besitzer sehr auf die Meinung anderer hört und sehr empfindlich ist. Sieht man ihn scheel an, ist er beleidigt. Solche Leute gehen auch gern auf Liebesabenteuer aus.

- *Zwirbelbart:* voll, lang am Ende die ganze Breite hoch. Ausdruck kraftvoller Männlichkeit. Sein Träger ist ein Biedermann, treu und ehrlich. Er ist gut und tapfer für den Fortschritt, aber weich.

Muttermale

Ein Muttermal ist ein Energiepunkt. Folgende Aussagen sind von kosmobiologischen Forschern bestätigt:
- An den Schläfen: Glück, Reichtum, gute Ehe, später im Leben Enttäuschung.

- unterhalb des Auges: Gefahr durch Verletzungen, Schwierigkeiten durch neidische Personen.

- auf der linken Wange: längere Krankheit, Gefahren durch Wasser und Feuer, Kummer durch Todesfälle.

- auf der rechten Wange: Erfolge bei allen geschäftlichen Unternehmungen und allen Dingen, die mit Vorbedacht und kluger Planung unternommen werden.

- auf der rechten unteren Wange im Bereich des Kinns: langes Leben, Wertschätzung durch die Umwelt, große Erfolge bei kleinem Risiko.

- am Kinn, recht oder links: Erfolge auf Reisen, ständig wachsender Lebensstandard, ausgezeichnete Kontakte mit Persönlichkeiten der großen Welt und der Politik.

- an der linken Wange, im Bereich des linken Mundwinkels: Schwierigkeiten durch Liebesaffären, Gefahr in Skandale verwickelt zu werden.

- an der Kinnspitze: erst Gewinn, dann Verlust an Gut und Geld. Schwierigkeiten mit einflußreichen Persönlichkeiten, Ärger in der Liebe.

- auf dem Scheitel und im Genick: gute geistige Gaben, aber wenig finanzieller Erfolg.

- auf der Stirn: Fleiß und Erfolg beim Mann, Fruchtbarkeit bei der Frau.

- auf der Oberlippe: großer Erfolg, aber auch die Möglichkeit, auf Abwege zu geraten.

- am Hals: Kraft und Gesundheit, meist auch Geldgewinn.

- am rechten Arm: beim Mann Neigung zum Glücksspiel, bei der Frau Reichtum durch Erbschaft.

- am linken Handgelenk: Herzenskummer, verbunden mit äußerem Reichtum.

- am Rücken: Reichtum durch Protektion.

- am rechten Schulterblatt: Gesundheit, Entschlossenheit, Unternehmungslust beim Mann, bei der Frau große Erfolge in der Liebe und in geschäftlichen Unternehmungen.

- auf der linken Brustseite: beim Mann Fehlschläge vor allem durch vorgesetzte Personen, bei der Frau Geldverlust durch Nachlässigkeit.

- an den Fußgelenken oder an den Füßen: beim Mann Mut, Zurückhaltung bei der Frau.

- im Bereich der Knie: großes Ansehen in der Welt, innerer Reichtum, einwandfreie Lebensführung.

- Feuermal: Energie aus früheren Zeiten in die Jetzt-Zeit projiziert.

Nacken und Hals

Muskulöser, nicht zu fleischiger Hals spricht für Stärke. Zu muskulöser Hals: Roheit und Härte.

Kurzer, plumper und fester Hals: dominierende, cholerische und starrsinnige Natur.

Langer Schwanenhals: untrügliches Dekadenzmerkmal, deutet auf Unsinnlichkeit und Lebensschwäche. Dafür kann Romantik und Erotik ausgeprägt sein.

Kurzhalsiger Mensch: ein urwüchsiger, unmittelbarer, triebhafter Mensch.

Lang- und Schlankhals: gehemmt, hat eine lange Leitung, friedlich und sensibel.

Langer Hals: spricht für Ruhe und Gemütlichkeit.

Nach vorne gebogener Hals: Phlegmatisch, melancholisch.

Magerer Hals: Begleiterscheinung für schwaches Triebleben, kann auch altersbedingt sein.

Kurzer Hals: Energie, Festigkeit, Lebensmut, Draufgängertum, starke Lebenskraft.

Die linke und rechte Gehirnhälfte

Das menschliche Bewußtsein findet seinen körperlichen Ausdruck im Gehirn, wobei die typisch menschliche Unterscheidungsfähigkeit und Urteilskraft der Großhirnrinde zugedacht wird.

Bekanntlich gliedert sich das Großhirn in zwei Hemisphären, die durch den sog. Balken miteinander verbunden sind.

Wir wissen, daß sich die Nervenbahnen lateral überkreuzen und somit die rechte Körperhälfte des Menschen von der **linken** Gehirnhälfte innerviert wird und die linke Körperhälfte von der **rechten** Hemisphäre.

Ebenso wie die Hände stehen auch die Ohren und Augen jeweils mit der kontralateralen Hirnhälfte in Verbindung.

Beide Gehirnhälften unterscheiden sich deutlich in ihrem Funktions- und Leistungsbereich und in ihrer jeweiligen Zuständigkeit. Die linke Hemisphäre ist zuständig für Logik und Struktur der Sprache, für Lesen und Schreiben. Sie schlüsselt alle Reize dieser Welt analytisch und rational auf, sie ist für das Zählen und Rechnen zuständig. Weiterhin ist das Zeitempfinden in der linken Hemisphäre zu Hause.

Die rechte Gehirnhälfte: hier finden wir die Fähigkeit zur ganzheitlichen Erfassung komplexer Zusammenhänge, Muster und Strukturen. Diese Gehirnhälfte ermöglicht die Erfassung einer Ganzheit (Gestalt) aufgrund eines kleinen Teils. Offensichtlich verdanken wir auch der rechten Hirnhälfte die Fähigkeit der Erfassung und Begriffsbildung von logischen Mengen, die realiter nicht existieren.

Die rechte Gehirnhälfte ist für den Bild- und Traumbereich der Seele zuständig und unterliegt nicht dem Zeitverständnis der linken Hemisphäre. Je nach der Tätigkeit, die der Mensch gerade ausführt, ist jeweils eine der beiden Gehirnhälften dominant.

So erzwingt logisches Denken, Lesen, Schreiben und Rechnen eine Dominanz der linken Hemisphäre, während beim Musikhören, Träumen, Imaginieren (Vorstellungskraft) die rechte Hemisphäre in die Dominanz geht.

Trotz der Dominanz jeweils einer Hirnhälfte stehen dem gesunden Menschen jederzeit auch die Informationen der subdominanten Hirnhälfte zur Verfügung, da über den Balken ein reger Informationsaustausch stattfindet.

Die linke Hirnhälfte entspricht dem Oberbewußtsein, also dem Tagesbewußtsein des Menschen.

Die rechte Gehirnhälfte entspricht dem Unterbewußten im Menschen und innerviert dementsprechend die linke Körperhälfte des Menschen.

Es ist leicht einzusehen, wie unvollkommen ein Mensch wäre, der nur eine der beiden Hirnhälften besäße.

Alle jene Bewußtseinsinhalte, die man so gerne als irrational, unvernünftig, versponnen, okkult und phantastisch abwertet, sind lediglich die gegenpolaren Fähigkeiten des Menschen.

Wie unterschiedlich diese beiden sich ergänzenden Hirnhälften meist bewertet werden, zeigt sich schon in dem Umstand, daß man bei der Erforschung der unterschiedlichen Fähigkeiten der beiden Hirnhälften sehr schnell die Leistungen der linken Seite erkannte und beschreiben konnte, lange Zeit aber über die Sinnhaftigkeit der rechten Hemisphäre forschte, schien sie doch keine vernünftigen Leistungen zu produzieren.

Die Natur schätzt die Leistungsfähigkeit der rechten, unvernünftigen Hälfte offenbar wesentlich höher ein, denn in einer lebensbedrohlichen Gefahrensituation schaltet sie automatisch von der Dominanz der linken Hälfte auf die Dominanz der rechten Hälfte um, da eine gefährliche Situation durch ein analytisches Vorgehen nicht angemessen bewältigt werden kann.

Durch die Dominanz der rechten Hemisphäre wird dank des ganzheitlichen Begreifens der Lage noch die Möglichkeit geboten, ruhig und situationsgerecht zu handeln. Auf dieser Umschaltung beruht auch das altbekannte Phänomen des »Lebensfilms«.

In Todesnähe überblickt der Mensch noch einmal sein ganzes Leben bzw. erlebt alle Situationen seines Lebens noch einmal - ein gutes Beispiel dafür, was wir oben die Zeitlosigkeit der rechten Gehirnhälfte nannten.

Links	Rechts
Yang	Yin
Sonne	Mond
+	-
(Oberbewußtsein)	*(Unterbewußtsein)*
Tagesbewußtsein	
Linke Gehirnhälfte	*Rechte Gehirnhälfte*
Logik	Gestaltwahrnehmung
Sprache	Ganzheitserfassung
	Raumempfinden
Lesen, Schreiben	archaische Sprachformen
Rechnen, Zählen	Musik
Aufschlüsselung der Umwelt	Geruch
Technisches Denken	Muster
Lineares Denken	Geschlossenes Weltbild
Zeitabhängigkeit	Analoges Denken
	Symbolik
Analyse	Zeitlosigkeit
Intelligenz	Intuition
Symbol:	Symbol:
positiv	negativ
Sonne	Mond
männlich	weiblich
Tag	Nacht
bewußt	unbewußt
Leben	Tod
Aktivität	Passivität
Rechte Körperhälfte	Linke Körperhälfte
Rechte Hand	Linke Hand
chinesisch: YANG	chinesisch: YIN

Erst wenn das subjektive Oberbewußtsein eins wird mit dem objektiven Unbewußten, ist **Ganzheit** erreicht.

Die Hände

Die Hand mit ihrer Gebärde deutet an, was in der Seele vorgeht.

- Die extrem stämmige Hand: zeigt Aktivität
- Die psychische Hand: ist schmal, lang und einfühlsam
- Die runde Hand: liegt dazwischen, feine Aktivität

Die Handberge (Innenhand)

Wenn stark ausgeprägt: Temperament, Vitalität und Triebkraft.

- Daumenberg: er sollte besonders schön rund und gefüllt sein, weil das die Lebenskraft zeigt.
- Mittelfingerberg: zeigt harmonisches Naturell.
- Ringfingerberg: künstlerische Neigung und Begabung.
- Kleinfingerberg: Formensinn, Befähigung für praktische Berufung.
- Handrandberg: (beim Daumen) wenn stark ausgeprägt, zeigt er Phantasie und Gemüt.

Die Finger

- Daumen: zeigt - wie das Kinn - die Willensfunktion eines Menschen. Große Daumen: Tatmensch.

- Zeigefinger: ist Ausdruck des Geltungsstrebens. Ist er sehr lang, zeigt das Selbstschätzung und Erwerbssinn. Ist er sehr kurz, geringes Selbstdenken. Ist er länger als der Ringfinger, zeigt dies Nützlichkeitsstreben.

- Zeige- und Ringfinger: sind sie gleich lang, kann auf philosophische Neigung geschlossen werden.

- Zeigefinger kleiner als Ringfinger: hier liegt starke Verinnerlichung vor, verbunden mit Phantasie, wissenschaftlicher und künstlerischer Begabung. Ist der Zeigefinger auffallend zum

Mittelfinger hin geneigt, ist ideales Streben mit Gemeinschaftssinn verbunden.

- Mittelfinger: er zeigt die geistig-sittlichen Tendenzen. Ragt er deutlich hervor, deutet das auf sittlich-religiöse Grundhaltung hin. Auffallend lang spricht für übersteigertes Pflichtgefühl, auch Grübelsucht.

- Ringfinger: er gibt Aufschluß über Schönheitssinn, künstlerische Neigung. Ist er lang, deutet er auf Inspiration und Intuition hin.

- Kleiner Finger: ist er besonders lang, hat der Träger Organisationstalent, Umsicht und Beweglichkeit. Ist er ganz lang, dann starke Ich-Betonung. Ist er kurz, rasche Auffassungsgabe bei leichter Beeinflußbarkeit.

Der Händedruck

Wie gibt jemand die Hand? Berührt seine Innenhand meine oder macht er

- die hohle Hand = Zurückhaltung
- bei Innendruck = Hingabe und Offenheit
- zu starker Druck = Angabe und Unsicherheit
- idealer Händedruck = Kräftig, aber gefühlvoll

Große Hände fassen immer gefühlvoll zu!

Die Haltung

Gang, Haltung und Bewegung (das Auftreten) sind nicht leicht beeinflußbar. Man kann damit kaum lügen. Man kann vielleicht einmal eine Minute darauf achten, aber bei Ablenkung muß man das kontrollierte Verhalten wieder loslassen und Bewegung, Gang und Haltung laufen automatisch, d.h., so wie man wirklich ist.

Die äußere Haltung sagt etwas aus über den inneren und äußeren Halt.

- *Aufrechte Haltung:* spricht für seelische Aufrichtigkeit. Sie muß jedoch wieder differenziert werden. Sie kann

  a) gestrafft
  b) steif
  c) angespannt sein.

Aufrechte Haltung beim Militär: Fehlhaltung, aufgezwungene oder erzwungene Haltung.

- *Gebeugte Haltung:* spricht für körperliche Last, Müdigkeit, seelische Belastung, Niedergedrücktheit. Man kann nicht seelisch »am Boden zerstört« sein und gleichzeitig aufrecht dasitzen. Die gebeugte Haltung kann

  a) schlaff
  b) lässig
  c) gebrochen sein.

Jemandem mit dieser Haltung kann man keine Führungsaufgabe geben. Selbst wenn er intelligent ist und berufliche Qualifikationen hätte, er ist einfach von seiner inneren Haltung her nicht dafür geeignet.

- An der *Kopfhaltung* sieht man, ob jemand z.B.

    a) arrogant
    b) steif
    c) servil ist.

Natürliches Gehen ist Schreiten.

Mit den Fersen aufsetzen (Initiative muß da sein), harmonisch abrollen. Die Schritte sind gleichmäßig, mittellang, harmonisch.

- Der *Leisetreter* wagt effektiv nicht aufzutreten. Er muß auch kleine Schritte machen, weil er Zehengänger ist.
- Die Steigerung des Leisetreters ist der *Kriecher,* der extrem Ausführende. Dann kommt der *Schleicher.*
- Der *Draufgänger* geht mit großen Schritten und tritt mit den Fersen auf.
- Die Steigerung des Draufgängers wäre der *Marschierer.* Er rudert mit den Armen, hat den Stechschritt. Dieser Gang wird beim Militär bevorzugt:

    a) Er schränkt das Denken ein
    b) Er fördert die Tatkraft.

Die Stimme

Die Stimme zeigt die Stimmung und das vorherrschende Bewußtsein.

- Je *heller und höher* jemand spricht (immer im Verhältnis zu seiner Stimmlage), desto intellektueller ist das, was er sagt, desto weniger mit Gefühl verbunden.
- Spricht jemand *dunkler* (auch eine Frau mit hoher Stimme, die dunkel spricht), ist das der Brustton der Überzeugung, das Gefühl steht im Vordergrund.

Achten Sie auf:
- Charakter einer Stimme
- Lautstärke
- Sprechgeschwindigkeit
- Deutlichkeit der Aussprache
- Stimmhöhe
- Klangfarbe und Melodie

Spricht jemand *undeutlich,* zeigt er damit auch eine innere Disziplinlosigkeit, Ungenauigkeit, mangelnde Sorgfalt, Geringschätzung der Umwelt usw.
Spricht jemand *überdeutlich,* ist er entweder Sprachlehrer, Schauspieler oder aber er übertreibt. Er übertreibt dann auch in anderen Bereichen. Er ist pingelig, erstarrt.

Sprechgeschwindigkeit sagt etwas über das Temperament aus.

Lautstärke: Wer ganz laut spricht, nimmt sich wichtig, willensmäßig. Spricht jemand leise, handelt es sich um falsche Bescheidenheit, um eine intellektuelle Art, sich wichtig zu nehmen. (»Wer mich verstehen will, hat gefälligst zuzuhören.«)

Spricht jemand *markant,* zeigt er die Einheit von Stimme und Charakter (ein positiver, selbstbewußter Mensch mit ausgeprägter Willenskraft).

Hart spricht ein Mensch, der die Bitterkeit des Lebens erfahren hat oder vom Schicksal hart geprüft wurde oder im Laufe des Lebens hart geworden ist.

Spricht eine Frau hart und tief, zeigt dies Disharmonie und männliches Empfinden.

Spricht jemand *polternd, rauh, schreiend*, zeigt er immer momentan andauernde Disharmonie.

Ein explosiver Charakter spricht auch explosiv, wenn er ganz ruhig ist.

Spricht jemand *schneidend,* zeigt er Hochmut, Hohn, Härte, Gefühlskälte.

Zischendes Sprechen zeigt Gehässigkeit.

Spricht jemand quäkend, zeigt er Unreife und dürftige Individualität.

Spricht jemand *lebhaft und bewegt*, zeigt er Lebenskraft, Vitalität, Kontaktfreude und Hilfsbereitschaft.

Melodisches Sprechen zeigt Sinn für Musik, Kunst, Erlebnisfähigkeit und feines Empfinden.

Eine *erhobene* Stimme zeigt eine Unterstreichung.

Eine *schläfrig-gedehnte* Stimme läßt auf Bequemlichkeit schließen.

Eine *leise* Stimme zeigt je nach den übrigen Merkmalen Gehemmtheit, Zurückhaltung, vielleicht sogar Mißtrauen.

Eine *leise, scharfe* Stimme deutet auf ein Ich-süchtiges, berechnendes Wesen hin.

Schwach und heiser klingt die Stimme, wenn man geringe Lebensenergie hat.

Eine *pathetische* Stimme deutet auf Unechtes hin.

Eine *verbissene* Stimme zeigt Widerspruchsgeist, Trotz und Eigensinn.

- Betonung der Vokale: reiches Gemütsleben.

- Betonung der Konsonanten: Verstand und Wille.

- Abgehackte Sprache: depressive Stimmung, seelische Belastung.
- Tiefe Sprache: Gelassenheit, Ruhe.

- Kann jemand überhaupt nicht leise sprechen: überschäumende Kraft.

- Salbungsvolle, schwammige, fettige Sprache: gemachte Freundlichkeit, zweckhafte Verbindlichkeit, falsches Pathos.

- Mit der Betonung der letzten Silbe eines Satzes zeigt man an, ob der Satz intellektuell oder gefühlsmäßig betont war:

  a) wenn man mit der Stimme hochgeht - intellektuell betont
  b) wenn man mit der Stimme runtergeht - gefühlsmäßig betont

- An der Stimme eines Menschen ist auch seine Energie erkennbar. Es gibt fast immer eine auffällige Übereinstimmung zwischen dem Klang einer Stimme und dem Duktus der Schrift.

Verhalten gegenüber Kindern und Tieren

Das Verhalten eines Tiernarren ist nichts anderes als erweiterter Egoismus: Diese Menschen können mit ihren Mitmenschen nichts anfangen und wenden sich deshalb den Tieren zu. Alles was sie für ihre Tiere tun, tun sie im Grunde für sich selbst.

Anders ist es, wenn Tiere sich einem Menschen zuwenden. Hunde z.B. haben einen untrüglichen Instinkt dafür, wem sie sich zuwenden. Man kann sicher sein, daß es sich dabei um einen warmherzig, aufgeschlossenen Menschen handelt.

Ebenso verhält es sich bei Kindern.

Freundschaften

Die Tatsache, daß jemand einen großen Bekanntenkreis hat, muß nicht sagen, daß er beliebt ist. Es zeigt eigentlich nur, daß er ein großes Bedürfnis hat, mit Menschen zusammen zu sein, oft aus Geltungsbedürfnis oder aber aus gesellschaftlichem Bedürfnis.

Wirkliche Freunde kann man nur ganz wenige haben!

Die wichtigen, reiferen, großen Menschen haben nur wenige Freunde, die aber meist ein Leben lang.

Hobbies

Z.B.: was und wie liest jemand? Werden Bücher gelesen oder wie Reliquien behandelt? Wie ordnet jemand seine Bücher?

Urteilsvermögen

Urteilt jemand vorschnell und endgültig, wird es sich kaum um einen gründlichen Kenner der Materie handeln.

Wohnung

Worauf kommt es dem Besitzer an? (z.B. gutes Aussehen, Wohnlichkeit)

Welche Farben verwendet er? Welche Möbel stehen darin? Welche Atmosphäre herrscht darin? (kühl, gerade, aufdringlich)?

Die zweifachen Einteilungen

Die auffallendste Einteilung der Menschen ist die Polarität männlich - weiblich.

Das bezieht sich nicht nur auf das Geschlecht, sondern es gibt durchaus weibliche Männer und männliche Frauen.

Wichtig ist, ob man überwiegend denkbestimmt (männlich) oder vorwiegend gefühlsbestimmt (weiblich) ist.

Wenn ein Mann fühlt, wird das Denken trotzdem eine sehr große Rolle spielen. Wenn eine Frau denkt, wird dies mit viel mehr Gefühl verknüpft sein als beim Mann. Deswegen muß ein Mann sich davor hüten, den Kopf zu verlieren, und eine Frau steht immer in Gefahr, ihr Herz zu verlieren.

Der männliche Lebensrhythmus ist hart, eckig, gerade, ruckweise. Der weibliche Rhythmus ist weich, fließend, gerundet, schwingend. Weibliches Verhalten wirkt umso weiblicher, je mehr gefühlsbetont, subjektbezogen man ist.

Technik bedeutet für die Frau meist Erleichterung der Arbeit, für den Mann ist die Frage wichtiger »Wie funktioniert das?«

Extrem männliche Berufe bei Frauen: Buchhalterin, Steuerberaterin. Starke weibliche Komponente bei Männern: Psychologe, Arzt, Architekt, Modeschöpfer, Musiker. Anzustreben ist ein Gleichgewicht zwischen beiden Extremen.

Wenn man große, weise Männer ansieht, wird man überrascht sein, daß diese oft weiblich wirken.

Die nächste Polarität ist groß - klein: Die Kleinheit wird von den Menschen oft als Mangel empfunden und dann durch erhöhte Leistung kompensiert.

Viele große Leistungen sind von kleinen Menschen vollbracht worden.

Die Polarität introvertiert - extrovertiert: Der introvertierte Mensch ist schweigsam, zurückhaltend, besinnlich, zögernd, in sich gekehrt, vollführt sparsame Bewegungen. Oft ist er kontaktarm, ungesellig, mitunter schroff, unangepaßt. Einsame Menschen brauchen die Nähe des anderen, können sie aber nicht mehr herstellen, sie isolieren sich selbst. Oft ist der introvertierte Mensch zu sehr mit sich beschäftigt, als daß er sich noch für Außenstehende oder Äußeres interessieren könnte. Er kann gut allein sein.

Der extrovertierte Mensch lacht leicht, schließt leicht Freundschaften, ist sinnesfreudig, gesellig, tritt aus sich heraus, trägt sein Herz auf der Zunge. Er ist aber auch völlig hilflos, wenn er auf sich selbst gestellt ist, er weiß effektiv nichts mit sich anzufangen. Er stürzt sich auf jeden, wenn nur jemand da ist, mit dem er irgend etwas tun kann. Er ist impulsiv, weltoffen, vollführt reichliche und ausgreifende Bewegungen. Er ist aber auch ein richtiges Stehaufmännchen.

Die dreifachen Einteilungen

1. Pykniker, Leptosome, Athletiker

Der pyknische Typ:
- rundlich, Neigung zu Fettansatz, Stupsnase, Spiegelglatze
- »himmelhoch jauchzend, zu Tode betrübt«
- Ernährungsnaturell, Stimmungsmensch
- kurz und dick, großer Mund
- die Säfte sind vorherrschend
- Wurstfinger

Der leptosome Typ:
- zartgliedrig
- eckige Formen
- hat meistens das dreieckige Gesicht, Nase springt hervor, Kinn und Stirn weichen zurück, große Augen
- ist lang und dünn, hat lange Finger
- Abenteurer
- Nerven- und Empfindungsnaturell

Der athletische Typ:
- muskulös, kräftiger Nacken und Kinn, breite Hände und Füße, breite und stumpfe Finger
- eckige Körperformen, im Vordergrund stehen Muskeln und Knochen
- Bewegungstyp, Tatmensch

2. Kohlenstoff-Mensch, Phosphor-Mensch, Fluor-Typ

Der Kohlenstoff-Typ:
- hält sich sehr gerade, läßt selten den Kopf hängen
- sein Unterarm bildet nicht die Fortsetzung des hängenden Oberarmes, sondern einen offenen Winkel

- tritt mit dem Absatz auf, sitzt gerade auf dem Stuhl
- ist meist ein hervorragender Arbeiter, der meistens langsam und mit Methode schafft und sich um keinen Preis bei der Arbeit stören lassen will
- spricht wenig, liebt keine Schaumschlägerei, ist diszipliniert
- ist bei aller Intelligenz fügsam, ständig im Streben nach einem festen beruflichen Platz.

Der Phosphor-Typ:
- ist freundlich, nicht allzu hart, geht leicht und beschwingt
- Frauen dieses Typs haben immer gut geformte Beine
- wenn er den Arm hochhält, bildet der Unterarm zum Oberarm genau einen rechten Winkel
- er möchte jede Arbeit schon beendet haben, bevor er sie beginnt
- hat viel Sinn für Eleganz, Modefragen und Rhythmik
- wechselnde Launen lassen sich immer wieder feststellen
- verliert schnell den Mut und bedarf dauernd eines Menschen, der ihn seelisch »aufmöbelt«
- häufig Drüsenstörungen

Der Fluor-Typ:
- ist etwas ungleichmäßig in seiner Art zu leben
- häufig findet man unter ihnen Menschen, deren obere Zahnreihe über die untere hinausragt
- die Art zu arbeiten ist ebenso ungeordnet wie die Gangart
- ist zu übermenschlichen Leistungen imstande. Die meisten Genies gehören dem Fluor-Typ an
- ist auch ein scharfer psychologischer Beobachter
- sucht den Reichtum und ist vom Luxus besessen
- ist ehrgeizig, strebt schnellen Erfolg an
- ist übernervös, hat Magenleiden, auch Ohrenleiden

3. Endomorph, mesomorph, ektomorph

Die erste Arbeit des Wissenschaftlers Sheldon galt der Erforschung der grundlegenden Komponenten des menschlichen Körpers. Exakt vorgehend fertigte er Photos von 4000 nackten Studenten an, jeweils eine Vorder-, Rücken- und Seitenansicht.

Aus dieser Reihe wählte er jene jungen Männer aus, deren Körperbau am stärksten vom Durchschnitt abwich.

Drei Formen hoben sich besonders hervor. Sheldon erkannte in ihnen die wesentlichen Komponenten im Aufbau jedes menschlichen Körpers.

Der Endomorphe:
- allgemein rundliche Formen, die Verdauungsorgane nehmen viel Platz ein
- die Extremitäten sind verhältnismäßig kurz, Hände und Füße klein
- schlaffe Körperhaltung, Hang zur Bequemlichkeit
- gesellig, umgänglich, tolerant, Freude am Essen, verlangt nach Zuneigung und Anerkennung
- gleichmäßige Stimmung

Der Mesomorphe:
- Körperstruktur: Knochen, Muskeln, Bindegewebe stark entwickelt und bestimmend, starke Blutgefäße, hart und fest, dicke Haut
- gerade Haltung, relativ kräftig und grob
- Verlangen nach Selbstbestätigung
- energische Aktivität, Herrschsucht, Machttrieb, körperlicher Mut, Freude am Risiko, Ungeniertheit im Benehmen, Freude am Konkurrenzkampf, seelische Robustheit, Mangel an Mit- und Feingefühl
- bei Kummer Bedürfnis nach Tätigkeit
- entspricht in etwa dem Athletiker

Der Ektomorphe:
- Schwach entwickelte Verdauungsorgane
- im Verhältnis zur Masse relativ große Körperoberfläche, bietet daher der Außenwelt maximale Angriffsfläche
- flacher Brustkorb, lange schmale Glieder, zart
- Neigung zu Hemmung und Zurückgezogenheit
- will sich verbergen
- wünscht Intimität und Einsamkeit, Introversion
- Unberechenbarkeit des Verhaltens und des Gefühls
- Überaufmerksamkeit, extrem schnelle Reaktion
- Bei Kummer Bedürfnis nach Einsamkeit

4. Instinktbetont, gefühlsbetont, verstandesbetont

Der Instinktbetonte:
- ist gekennzeichnet durch die Vorherrschaft der Mund- und Kinnregion
- strebt nach handgreiflichen, materiellen Gütern als oberstes Ziel
- liebt Bequemlichkeit, gute Mahlzeiten, große Wagen, bequeme und imposante Möbel
- menschliche Kontakte sind gut, entbehren aber feinerer Regung. Zartgefühl und intellektuelle Denkart sind ihm fremd. Zum Ausgleich verfügt er über ein dickes Fell und läßt sich nicht durch unangebrachte Empfindlichkeit hemmen.

Der Gefühlsbetonte:
- dominant sind Nase und Backenknochen, das Profil ist kräftig, die Backenknochen treten stark hervor, die Nasenflügel sind breit
- für diese Menschen spielt sich das Wesentliche des Lebens in der Gefühlswelt ab. Gefühlsmäßige Reaktionen sind immer lebhaft. Die Anwesenheit anderer Menschen können sie kaum entbehren.
- Dieses Überwiegen des Gefühlslebens wird die verschiedensten Formen annehmen, je nachdem, ob es sich um das Gesicht

eines Entfalters oder eines Erhalters handelt. Stets wird das Gefühl über Triebkraft und Intellekt siegen.

Der Verstandesbetonte:
- hier herrschen Schädel und Stirn im Gesicht vor
- Denken, Vorstellungskraft und Verstand geben im Leben den Ausschlag.

Anmerkung

1921 veröffentlichte Prof. Ernst Kretschmer, Psychiater und Neurologe an der Universität Tübingen in Berlin sein berühmtes Buch »Körperbau und Charakter«.

Die vierfachen Einteilungen

Die menschliche Typen-Einteilung nach Prof. Dr. Schonhaoli, Universität California, Hormonforschungsabteilung:

1. Der Sex-Typ:
- Der Charakter des Sex-Typs ist ausgeglichen, froh und glücklich.
- Zur Aufgeschlossenheit gesellen sich Intelligenz, universelle Geistigkeit, die es ermöglichen, im allgemeinen jede gestellte Aufgabe zu lösen.
- Der stark ausgeprägte Glaube an ein höheres Prinzip wird unterstrichen durch das Gefühl für das Menschliche und Schöne.

2. Der Hypophysentyp:
- Wie die Hypophyse, so die Willenskraft.
- Hauptmerkmale des Charakters sind Widerstandskraft, Ausdauer, Wille und Selbstzucht.
- Der ausgezeichnet entwickelte Verstand erlaubt es, jeden Schritt im voraus zu berechnen.
- Während das Geld sich großer Wertschätzung erfreut, werden die Mitmenschen und ihre Belange oft für geringer erachtet.

3. Der Schilddrüsentyp:
- Wie die Schilddrüse, so der Impuls.
- Charakter: Impulsiv, sensibel, nur geringe Ausdauer, stolz, aber beeinflußbar. Er besticht durch Intuition und Phantasiereichtum. Übergroße Begeisterungsfähigkeit kann sich bis zum Fanatismus steigern.
- Gedächtnis für Sprache ist ausgezeichnet entwickelt.

4. Der Nebennierentyp:
- Wie die Nebennieren, so die Aktivität.
- Körper und Geist sind kräftig und fließen unermüdlich über von Tätigkeitsdrang.

- Das Temperament ist cholerisch und neigt zu autoritärem Verhalten.
- Der Boden der Wirklichkeit wird gegen Phantasievorstellungen verteidigt. Er ist Realist, positiv eingestellt.
- Gutes Gedächtnis und objektives Urteil, fühlt sich stark zum gesellschaftlichen Leben hingezogen.

Einteilung nach den Blutgruppen: (nach Leone Bourdel)

Blutgruppe A

Etwa 44 % der Deutschen, Österreicher und Franzosen und 47 % der Schweizer haben diese Blutgruppe.

- Harmonisches Temperament, zeigt sich in der Anpassung wählerisch.
- Er lebt und empfindet sein Leben auf der Ebene beständigen Forschens und Suchens, stets im Einklang mit dem, was ihn umgibt, wobei er sich der Verschiedenartigkeit der Umwelt gegenüber höchst sensibel zeigt.
- Er ist der hypersensible, den Anpassungsschwierigkeiten zu den verschiedensten Reaktionen (Flucht, Revolte, Zurückziehen auf sich selbst) veranlassen können oder auch zu Fehlreaktionen durch Überkompensieren.
- Der Harmonische vermag sich nur unter der Bedingung des Bestehens positiver, affektiver Verbindung vollständig anzupassen.
- Unter den Harmonischen begegnet man oft den tiefgründigsten, innerlich reichsten und originellsten Persönlichkeiten, vorausgesetzt, daß die Umwelt sie inspiriert oder stimuliert, ohne sie zu zerstören.

Blutgruppe B

Diese Blutgruppe haben 11 % der Deutschen und Franzosen, 13 % der Österreicher, 8 % der Schweizer.

- Rhythmisches Temperament.
- Hier geht die Anpassung am rationellsten, methodischsten und geregeltsten vor sich.

- Er legt sich alle Erfahrungselemente nach eigenem Rhythmus zu, ohne sich um die Umweltreaktionen zu kümmern. Er versucht sogar, diesen Rhythmus der Umwelt aufzuzwingen, mit der er sich nur befaßt, wenn sie sich seinem Verharren im eigenen Rhythmus widersetzt.
- Der Rhythmiker zerbricht das Hindernis oder er zerbricht selbst.
- Er sucht nicht seinen Vorteil, indem er sich mit der Umwelt arrangiert, er geht unbeirrt seinen Weg.

Blutgruppe 0

Diese Blutgruppe haben 40 % der Deutschen, 43 % der Franzosen, 46 % der Österreicher und 41 % der Schweizer.

- Melodisches Temperament
- Beim Melodiker erfolgt die Anpassung am bedingungslosesten und totalsten.
- Er erlebt und lebt sein Leben als eine fortlaufende Melodie, die sich den verschiedenen Varianten, Vorgängen, Umständen, Wesen und Dingen der Umwelt anpaßt.
- Er neigt zur spontanen Einordnung in die Umgebung, in der er gerade lebt.
- Auf dieser Ebene der Anpassung ist er offensichtlich besonders begünstigt, da er die Umwelt genügend einfühlsam begreift und sich zugleich mit Leichtigkeit und Zweckmäßigkeit zu dem von ihm verfolgten Ziel entsprechend den sich bietenden Möglichkeiten zu entwickeln versteht.

Blutgruppe AB

Diese Blutgruppe haben 5 % der Deutschen, 3 % der Franzosen, 6 % der Österreicher und knapp 4 % der Schweizer.

- Das komplexe Temperament. Hier sind das harmonische, das melodische wie auch das rhythmische Temperament zu gleichen Teilen vertreten, ohne daß eines davon das Gleichgewicht einseitig belastet. Ständig ist der Mensch mit dieser Blutgruppe widersprüchlichen Tendenzen ausgesetzt.
- Labil, sprunghaft, launisch, ist er ein Opfer seiner vielfältigen und gegensätzlichen Möglichkeiten, solange er sich die zur

Erhaltung seines Gleichgewichtes notwendige dynamische Disziplin nicht aneignet.

Die vier Temperamente (zum Teil nach Lavater)

Der Choleriker

Er ist der Willensmensch mit dem Feuerelement, der Hitzkopf. Er ist immer irgendwie geladen, voller Energie und Willensimpulse, die er herauslassen muß, um nicht zu platzen.

Er ist eine Herrscher- und Kämpfernatur, reagiert auf jeglichen Zwang geradezu allergisch.

Sein Gang ist kraftvoll, federnd, ausgreifend, hart auftretend.

Die Stimme ist laut, Befehlston üblich.

Er ist der Herr der Schöpfung, der das häusliche Kommando führt.

Der Sanguiniker

Er verbreitet starke Dynamik, unermüdliche Aktivität, ist nicht willens- sondern denkbestimmt, so daß man ihn als Bewußtseinsmensch bezeichnen kann.

Sein Grundelement ist die Luft (ein übertriebener Typ = Luftikus). Tatsächlich verführt die außergewöhnliche geistige Beweglichkeit und rasche Reaktionsfähigkeit des Sanguinikers ihn vielfach dazu, den Boden unter den Füßen zu verlieren (nicht nur den Boden der Tatsachen, sondern auch den moralischen Boden), so daß Oberflächlichkeit und Haltlosigkeit zu den besonderen Gefahren dieses Typus gehören.

Sein leichter Sinn führt ihn allzu leicht zum Leichtsinn. Seine intellektuelle Überlegenheit entartet oft zu herzloser Überheblichkeit.

Der Phlegmatiker

Er ist ein Gefühlsmensch, sein Grundelement ist das Wasser (er zerfließt vor Rührung). Er hat immer eine Flut von Empfindungen. Er wählt den Werg des geringsten Widerstandes, wird von allem tief berührt und erfährt oft fremdes Leid wie sein eigenes. Selbst wenn es ihm persönlich gut geht, vertieft er sich in Weltschmerz und in Mitgefühl für die anderen.

Sein Grundgefühl: Pessimistische Passivität und Ängstlichkeit. Er ist leicht verwundbar, empfindlich, hat fruchtbare Beziehung zu Kunst und Musik, hohes Liebes- und Anlehnungsbedürfnis.

Die Gesundheit des Gefühlsmenschen ist oft gefährdet, denn er kann sich nicht aggressiv nach außen entladen wie der Choleriker oder einfach alles abschütteln wie der Sanguiniker, sondern er frißt Kummer in sich hinein. Sein Gang ist zögernd, die Stimme leise und meist gefühlvoll.

Der Melancholiker

Er ist der Gestaltungsmensch.

Er besitzt eine durch nichts zu erschütternde Gelassenheit und Gleichmütigkeit. Sein Grundelement ist die Erde. Er hat eine felsenfeste Haltung.

Er ist nicht der Trauerkloß, für den er irrtümlicherweise immer wieder gehalten wird. Die Welt wäre ohne Melancholiker gar nicht brauchbar.

Er ist zwar langsam und bedächtig, tiefgründig und schwer, aber niemals schwankend und unentschlossen, sondern selbstsicher, geradlinig, standfest und beständig.

Er ist niemals gefühlsbetont und stimmungsunterworfen, sondern hart und konsequent bis zur Starrköpfigkeit.

Seine Beharrlichkeit geht bis zur Verbissenheit. Zum Vorgesetzten ist er wenig geeignet.

Er ist stark traditionsgebunden, an seinem Besitz hängend, an festen Sitten und Gewohnheiten haftend, aber anspruchslos.

Er ist der Typus des subalternen Beamten, der in gewissenhafter Genauigkeit seine Vorschriften befolgt.

Die aufopfernde Mutter, die ihren Mann und die Kinder maßlos verwöhnt.

Körperlich und seelisch gleichermaßen robust, unverwüstlich. Er ist unermüdlich schaffend bis ins höchste Alter.

Seine Bewegungen sind gemessen und bedächtigt, am liebsten schweigt er.

Melancholiker sind tatsächlich unersetzlich, denn Choleriker und Sanguiniker sind Führungstypen, die andere zum Arbeiten bringen. Die Phlegmatiker aber kommen vor lauter Gefühlsbeanspruchung kaum zum Arbeiten. Wer also würde unsere Arbeit tun, wenn es keine Melancholiker gäbe.

Die indische Einteilung

Der Brahmane

Sein Drang ist es, die Wahrheit zu wissen. Er besitzt größte Objektivität, ist der natürliche Berater der Ausführenden. Er ist kein König, aber der Ratgeber der Könige.

Kshatria

War Krieger oder Herrscher, oder beides. Er ist der Willenstyp mit dem Willen zur Macht und zum Herrschen. Er besitzt Härte, aber keine Einsicht.

Vaisya

Für ihn ist die Rolle des Handwerkers oder Händlers vorgesehen. Er wird vom Streben nach Besitz beherrscht, nicht vom Streben nach Macht oder Erkenntnis.

Sutra

Traditionell die niedrigste Kaste. Ein Wesen mit begrenzten Aussichten. Sein Anliegen ist die Befriedigung seiner physischen Bedürfnisse. Falls es ihm überhaupt gelingt, ist er damit voll ausgelastet.

Die Huter'schen Typen

Das Ernährungsnaturell:
- hat rundliche, weiche Formen, kurze Extremitäten.
- verträgt keine großen physischen Anstrengungen.
- neigt zu Fettansatz, Atembeschwerden und Stoffwechselkrankheiten.

Das Bewegungsnaturell:
- Knochen, Knorpel, Muskeln, Sehnen und Bänder sind vorherrschend.
- hat lange Extremitäten, ist breitschultrig, muskulös.
- braucht physische Anstrengung, um gesund zu bleiben, sitzende Tätigkeit macht Menschen dieses Typs krank.

Das Empfindungsnaturell:
- Hier ist das Nervensystem besonders betont, es handelt sich also um sensible Naturen.
- Alle Reize werden stark, oft überstark registriert, daher häufig nervliche Überforderung.
- Der Zug zur Verfeinerung herrscht vor, alles Grobstoffliche und Grobschlächtige wird abgelehnt. Das Wohlbefinden hängt von einer schönen Umgebung, lichten Farben und verfeinerter Kost ab.
- Seine körperliche Belastbarkeit ist nicht groß. Dieses Naturell darf nicht lange grobe Arbeiten verrichten, ebenso sind harte Maßnahmen fehl am Platz.

Mischtypen
- Ernährungs-Bewegungsnaturell
- Ernährungs-Empfindungsnaturell
- Bewegungs-Empfindungsnaturell
- harmonisches Naturell
- disharmonisches Naturell

Die Spranger'schen Typen

Der theoretische Mensch
- Er bringt alles, was ihn interessiert, in Systeme und Begriffe.
- Strebt überwiegend verstandesbetont nach Wahrheit und Klarheit, versucht alle Probleme denkerisch zu bewältigen.

Der ökonomische Mensch
- Wirtschaftliche Interessen und Gesichtspunkte der Zweckmäßigkeit überwiegen.
- Alles wird nach materiellem oder Geldwert gemessen.

Der ästhetische Mensch
- Er lebt im Suchen nach dem Sinn und Wert des Daseins und betrachtet Welt und Leben unter dem Gesichtspunkt des Schönen.

Der soziale Mensch
- Er sieht alles im Licht des Gemeinschaftsdenkens und gehört in jeder Gesellschaft dem aktiven Typ an.
- Die ganze Lebensausrichtung dient dazu, anderen zu helfen.

Der Machtmensch
- Er will herrschen und strebt um jeden Preis nach Führungsgewalt und Geltung.
- Alles bei ihm steht im Dienste der Macht.

Der religiöse Mensch
- Wertet alles im Licht des wissenden Glaubens, des Ewigen und Göttlichen und ist mehr jenseits als diesseits orientiert.

Die Jung´sche Typologie

Hier gibt es zwei Einstellungsrichtungen:
a) introvertiert
b) extrovertiert

aber vier Funktionstypen:

a) den Denk-Typus
b) den Fühl-Typus
c) den Empfindungs-Typus
d) den Intuitions-Typus

Jung ordnet ihnen auch Farben zu:

a) dem Denk-Typus	-	blau
b) dem Fühl-Typus	-	rot
c) dem Intuitions-Typus	-	gelb
d) dem Empfindungstypus	-	grün

Anmerkung:
Carl Hunter, Arzt, 1861-1912
Eduard Spranger, Pädagoge und Philosoph, 1882-1963
Carl-Gustav Jung, Psychologe und Philosoph 1875-1961

Schlaftypen und Schlafpositionen

Innerhalb von 6 - 10 Stunden verändern wir 45 - 60 mal unsere Schlafhaltung, ein Vorgang, der sich aus einer veränderten Muskelspannung ergibt.
Aus einer Umfrage von rund 10.000 Personen in drei Erdteilen ergab sich, daß
- 61 % aller Menschen auf der rechten Seite bzw. auf dem Bauch,
- 24 % aller Menschen auf der linken Seite und
- 15 % aller Menschen auf dem Rücken schlafen.

Rückenlage

Wer auf dem Rücken schläft, ist seiner Sache sicher, ist integriert, harmonisch, fühlt sich gut.

Wer auch noch die Hände über den Kopf legt, der ist absolut sicher, ganz harmonisch, eingefügt in die umgebende Harmonie.

Wer auf dem Rücken schläft, dürfte als Kind im Mittelpunkt gestanden haben. Er beherrscht sein Tagesuniversum, fühlt sich also als starke Persönlichkeit.

Er ist aufgeschlossen, gibt und nimmt gern.

Er fühlt sich als König seines kleinen Universums und genießt die ganze Welt als Rummelplatz.

Die Foetuslage

Der Mensch schläft wie eine noch fest geschlossene Knospe, eingerollt, Knie angezogen.

Er weigert sich im Wachzustand, sich den Freuden und Schwierigkeiten des Lebens voll und rückhaltlos auszusetzen, hat ein starkes Schutzbedürfnis sowie den Wunsch nach einem Mittelpunkt.

Er ist in einer frühkindlichen Entwicklungsphase festgehalten und braucht, um sich sicher zu fühlen, enge Abhängigkeitsbeziehungen.

Die ausgestreckte Bauchlage

Wer flach auf dem Bauch liegt, wendet sich den realen Dingen zu.

Er möchte einen möglichst großen Teil seiner Umwelt und seines Lebens kontrollieren und beherrschen.

Er steht unter dem Zwang, den Gang der Ereignisse und seine tägliche Umwelt selbst zu bestimmen.

Er ist ordentlich und genau, kann sich mächtig über Kleinigkeiten aufregen. Er ist zuverlässig.

Die halbfoetale Lage

Sie ist die häufigste Schlafposition und entspricht einem Menschen in der Entwicklung.

75 % der rechtshändigen Probanden schlafen hauptsächlich auf der rechten Seite, nicht nur zum Einschlafen, sondern auch später in den tiefen Schlafstadien.

Die halbfoetale Lage ist nicht nur behaglich, sondern auch zweckmäßig, vernünftig. Dementsprechend vernünftig haben sich die Menschen, die sie bevorzugen, an die Welt angepaßt.

Es sind im großen und ganzen ausgewogene, selbstsichere Leute, die sich ohne besondere psychische Belastung mit den Tatsachen abzufinden verstehen.

Sie sind offensichtlich nicht so verletztlich.

Die Kettensträfling-Haltung

Dabei sind die Beine seitlich übereinandergeschlagen, oft sogar noch die überkreuzten Hände darübergelegt.

Es sind Menschen, die sich an Umstände, an Dinge, an Menschen gebunden fühlen. Sie haben ein stark ausgeprägtes Gefühl für Behinderung und Unbeweglichkeit.

Die *Sandwich-Lage*

Die Beine sind exakt aufeinander oder übereinander gelegt. Diese Lage bedeutet extreme Anpassung an Umstände, Dinge und Situationen, Rücksichtnahme. Der Mensch ist heimlich darauf bedacht, nicht auszuweichen, zurechtzukommen, sich anzupassen.

Die Nabelhaltung

Diese Lage nehmen Menschen ein, die sich festhalten müssen, sie umklammern Bettpfosten oder Kissen.

Sie sind häufig anhänglich, ja zutiefst abhängig, brauchen einen Halt und finden ihn dann eben nachts.

Wer sich nachts an irgend etwas festhält, ist abhängig von einem Halt.

Die Flamingo-Lage

Ein Bein wird ausgestreckt, das andere stark angewinkelt. Das sagt aus, »Zwei Seelen schlummern in meiner Brust«. Diese Haltung ist typisch für den passiv-aggressiven Typ.

Es ist jemand, der ganze Bereiche seines Seins erarbeitet hat, aber in anderen Bereichen noch intensiv etwas tun muß, da dort noch widerstrebende Kräfte vorhanden sind.

Das ausgestreckte Bein zeigt viel Selbstsicherheit, das angewinkelte Passivität. Diese Züge wechseln sich im Leben ab.

Wer eine Hand unter den Kopf legt, hat sein Leben fest im Griff, er leitet die Dinge über den Kopf ab, über das Denken. Er löst seine Probleme mit dem Denken.

Ganz stark wird das mit der Schwimmflügelhaltung, wenn jemand beide Hände über den Kopf legt. Immer wird der Eindruck der Selbstsicherheit noch unterstrichen.

Die Boxerhaltung

Auch eine Schlafposition, die sehr verbreitet ist. Sie verrät Aggression, Feindseligkeit, Abwehrhaltung, die sich nachts, wenn die bewußte Kontrolle aussetzt, ausdrückt.

Es gibt Menschen, die ihr Gesicht in den Händen vergraben. Damit zeigen sie eine Abwehr- und Trauergebärde.

Sie sind über irgend etwas traurig und kommen darüber nicht hinweg.

Die Vogel-Strauß-Position

Haltung: Gesäß wird in die Luft gestreckt und der Kopf unter dem Kissen oder irgendwo im Leintuch verwühlt.

Aussage: dieser Mensch läuft vor den Problemen des Alltags davon und weicht den Unannehmlichkeiten des Lebens aus. Er will nicht hinsehen.

Die Mumienlage

Haltung: ganz im Leintuch eingehüllt, vollkommen verkrochen. Aussage: extreme Unsicherheit, Verletzbarkeit, Sensibilität, Ängstlichkeit. Dieser Mensch möchte sich vor der Welt verkriechen.

Die Zyklopenhaltung

Haltung: ein Auge wird verdeckt, das andere bleibt unverdeckt.

Aussage: in diesem Menschen sind widersprüchliche Kräfte wirksam. Er möchte sich zurückziehen, hält es aber für notwendig, immer ein wachsames Auge auf die Welt zu werfen.

Die Barrymorelage

Haltung: Beine sind übereinandergeschlagen, eine Hand liegt hinter dem Kopf, die andere ganz lässig auf der Hüfte.

Aussage: auch nächtliche Demonstration: »Ich bin überlegen«.

Die Soldatenhaltung

Haltung ist auch im Schlaf stramm (auf der Seite, auf dem Rücken, oft sogar eingewinkelt). Devote Soldatenhaltung.

Aussage: gegensätzlich zur Barrymorelage.

Die Stützhaltung

Auf der Seite.

Es ist ein Mensch, der zwei Dinge miteinander verbindet: Disziplin und Bequemlichkeit.

Auf der einen Seite die Soldatenhaltung, die Sandwichlage:

Konformismus und Angepaßtsein, auf der anderen Seite die Haltung wie bei einem römischen Bankett, locker auf der Seite. Es sind zwei Haltungen in einer.

Die Löffelhaltung

Die beliebteste Zwei-Personen-Haltung.

Starkes Bedürfnis nach physischem Kontakt.

Wer Kissen und zusätzliche Kissen zum Schlafen und Umarmen braucht, der hat ein ungestilltes Bedürfnis nach Partnerschaft - Ersatzliebesfunktion.

Farben

Der Rot-Liebhaber
- ist extrovertiert, in seinem Tun cholerisch, leicht erregbar
- ist selbstbewußt, darauf aus, zu beeinflussen und sich durchzusetzen, zu kämpfen, zu erobern
- ist aktiv, unternehmungslustig, zielstrebig

Der Gelb-Liebhaber
- ist der Außenwelt zugewandt
- vor allem geistig interessiert, wissensdurstig
- ist lebhaft, rege, sachlich kühl
- ist immer auf der Suche, vielfach ohne zu wissen wonach

Der Orange-Liebhaber
- ebenfalls der Außenwelt zugewandt
- im Gegensatz zum Gelbliebhaber trotz Selbstsicherheit, Leistungs- und Geltungswillen jedoch voll innerer Wärme, Herzlichkeit und Mitgefühl
- Liebhaber des Schönen und Guten, gesellig, auf Harmonie und Ausgleich bedacht, sinnesfreudig, beschwingt, lebensfroh

Der Blau-Liebhaber
- Farbe des Melancholikers
- wer kühles Blau bevorzugt, ist meist etwas kühler, beherrschter, sachlicher, leistungsfähiger, pflichttreuer
- weniger herzlich und introvertiert, nachdenklich, ernst
- verschwiegen, beständig treu

Der Grün-Liebhaber
- ruht in vollkommener realer Befriedigung auf heiterem Grund
- er ist kaum beeinflußbar, an Neuem wenig interessiert
- läßt sich nicht zu leidenschaftlichen Regungen oder Kraftanstrengungen hinreißen

- bevorzugt das Beschauliche, das ruhige Gleichmaß am Tage und den behaglichen Genuß der kleinen Freuden

Der Braun-Liebhaber

- bescheiden, gemäßigt, zurückhaltend, solide, absolut verläßlich, in sich gefestigt, erdnah und praktisch

Kleider und Umgangsformen

»Kleider machen Leute«.

Kleider sind wie eine zweite Haut. Wir drücken uns in Kleidern aus, zeigen wer wir sein möchten.

Besonders im Karneval sieht man sehr gut, wen wir darstellen, welche Rolle wir wählen. Das Kostüm sagt sehr viel über das Lebensgefühl und die Absichten.

- Wieviel Schmuck trägt jemand?
- Welche Frisur?
- Welche Kopfbedeckung?
- Wie ist jemand gekleidet (verrückt, gediegen, modisch)?
- Charakter der Kleidung (avantgardistisch, gewagt, konservativ)
- Nachlässige Kleidung läßt nicht unbedingt auf Schlampigkeit schließen oder Armut (Künstler, Junggeselle...)

Besteht Disharmonie zwischen körperlicher Gepflegtheit, Umgangsformen und Kleidung?

Bei den Umgangsformen soll man unterscheiden zwischen

a) anerzogener Höflichkeit
b) angeborenem Takt

Umgangsformen sind das Kennzeichen für Erziehung und den Grad der Selbsterziehung sowie der Bereitschaft, die mitmenschlichen Beziehungen in rechter Weise zu pflegen.

Kleidung und Umgangsformen offenbaren hauptsächlich das Stilgefühl, das Gefühl für das rechte Maß, das Selbstgefühl, die Einschätzung der eigenen Person, die Lebensumstände und die Einstellung zur Umwelt.

Man sollte sich in Kleidungsstil und -farbe selbst ausdrücken.

Bei jedem ist eine Farbe dominant, so wie es Farben gibt, die man selbst nie tragen würde.

Kriterien der Menschenkenntnis auf den 2. Blick

1. Umgangsformen

Anerzogen oder angeboren? So wie ein Mensch sich verhält, wenn er sich unbeobachtet fühlt, das ist angeborenes Verhalten.

2. Benehmen

Beobachten und verbal definieren. Benimmt sich der andere: gleichgültig, langweilig, überheblich, geltungsbedürftig, frech, unterwürfig usw. Wenn wir andere erkennen wollen, müssen wir klar definieren.

Wenn wir nur sehen und nicht definieren, sammeln wir keine Erfahrungen. Wie spricht jemand über andere?

Wie spricht man selbst über andere? (Hart im Urteil, verständnisvoll, gehässig, objektiv, mitfühlend)

Wie man selbst über andere spricht, deckt das eigene Wesen rücksichtslos auf.

3. Hobbys

Hat jemand nur Hobbys, die man alleine macht oder solche, für die er jemanden braucht? Welche Sportart und warum? Worüber spricht jemand?

4. Wohnung

Wieviel Personen wohnen da?

Wie groß ist die Wohnung in der Relation zur Personenzahl?

Wo liegt die Wohnung? (Wohnviertel oder Grünanlage? Praktisch nahe am Arbeitsplatz? Wie ist sie eingerichtet? Welche Atmosphäre herrscht darin?)

5. Schriften

Wer leicht nach rechts schreibt, ist mäßig tolerant. Je stärker die Neigung nach rechts, desto anpassungsfähiger ist jemand, bis zur Haltlosigkeit.

Je steiler eine Schrift ist, desto eigenwilliger und gerader ist jemand.

Schreibt jemand nach links, ist er ein Mensch, der sich nicht so gibt wie er ist. Er ist auch jemand, der gegen starken, äußeren Druck anlebt. Tun und sein stimmen nicht überein.

6. Welche Rolle spielt jemand?

Jeder spielt eine Rolle (Vater, Sportfreund usw.). Zu jedem sind wir etwas Anderes. Unabhängig von diesen Rollen, die wir im Leben spielen, spielen wir auch mehrfach am Tag eine Rolle. Z.B. den Großherzigen, Verständnisvollen, den Harten usw.

Schärfen wir unsren Blick und sehen: Welche Rolle spielt jemand gerade im Moment? Welchen Eindruck will er machen? Tut er das bewußt oder unbewußt?

Was, warum und mit welcher Motivation liest jemand? Liest er manche Bücher mehrfach? Wenn ja, welche und warum? Wie gründlich liest er?

Welche Art Bücher liest man: Romane, Krimis (warum Krimis? Fehlt die Spannung im Leben? Warum bringt man keine Spannung in sein Leben? Was würde Spannung ins Leben bringen?)

Viele geistvolle Menschen lesen sehr kritische Bücher. Manche Eltern lesen die Donald-Duck-Heftchen ihrer Kinder, einfach um loszulassen. Es gibt eine Schicht im Bewußtsein, die beim Erwachsenen nicht mehr angesprochen wird. Es ist wohltuend, das noch einmal zu aktivieren, es schafft angenehme Assoziationen mit Kindheit, Jugend, Sorglosigkeit usw.

Mit wem geht jemand um? Welche Freunde hat er? Warum hat er diese Freunde? Was sind das für Leute? Sind sie nützlich, sind wir ihnen nützlich? Was wollen wir lernen? Es gibt Menschen, die haben immer nur bedeutende Freunde. Sie ziehen nur solche Leute an. Andere nehmen sie wahr, sprechen mit ihnen, aber da ergibt sich nichts.

Es gibt Kinder, die bringen immer Freunde mit, die mindestens einen Buckel habe, schielen oder sich schlecht benehmen. Warum?

Wie oft sind wir mit unseren Freunden zusammen? Warum mit dem einen öfter, mit dem anderen weniger oft? In diesem Zusammenhang sollten wir gleich lernen, die falschen Freunde loszulassen, d.h., immer wieder einmal Bilanz zu ziehen und uns zu fragen: »Ist diese Bekanntschaft noch fruchtbar? Sind wir einfach zusammen, weil wir uns ohnehin regelmäßig treffen?«

Fragen wir uns, ob wir bewußt mit unserem Zeitkapital umgehen. Wollen wir das weiterhin?

Wenn man das tut, kann es sein, daß man öfters den Bekanntenkreis wechselt, weil man sieht, daß einer nach dem anderen entbehrlich wird. Man gehört nicht mehr zueinander.

Das geht nicht immer reibungslos. Man kann sich jahrelang um jemanden bemühen, versuchen ihm zu helfen. Wenn jemand dann trotzdem negativ bleibt, jahrelang über dieselbe Sache klagt, nichts tut, um es zu ändern, muß man die Bekanntschaft loslassen.

7. Umgang mit Geld

Wie geht jemand mit Geld um? Was bedeutet uns Geld?

Für den einen ist Geld gedruckte Freiheit. Er kann sich mit ihm von Zwängen befreien, sich und anderen helfen.

Geld erleichtert den Umgang miteinander sehr. Man sollte Geld achten. Viele Menschen neigen dazu, Geld zu verachten und wundern sich dann, wenn sie keines haben. Man kann nur das anziehen, was man selbst anziehend findet, was man für irgend etwas braucht.

Es gibt Leute, die, wenn sie sich geärgert haben, in die Stadt losstürmen und im Kauf Befriedigung finden, wenn sie auch etwas kaufen, das sie nicht gebrauchen können.

Ein starkes Gefühl, das man auf einen anderen richtet, zieht an. Haß und Liebe in gleichem Maße, es ist nur die Polarität unterschiedlich. Was nicht anzieht, ist Gleichgültigkeit.

8. Verhalten im Zorn

Man sollte überhaupt nie auf etwas reagieren, das ist ganz wichtig. Nur die wenigsten Menschen können das. Warum?

Reaktion: eine Aktion als Antwort auf die Handlung eines anderen. Im Grunde genommen macht man sich zum Hampelmann eines anderen. Der zieht am Strick und wir rudern.

Man muß also frei sein von den Aktionen der anderen. Niemals reagieren, sondern die Aktionen der anderen ansehen und daraus Konsequenzen ziehen.

Das ist eine eigene Aktion. Man hat ruhig überlegt und logisch Konsequenzen gezogen.

Man sollte aber nie, weil der andere etwas tut, dasselbe auch tun. Oder: »Wenn der mich ärgert, zahle ich es ihm heim.« Man ist dann nicht besser als der andere und sollte sich nicht beschweren.

Man soll niemanden danach beurteilen, was er gesagt hat, sondern wie er sich verhält im Zorn. Niemand kann im Zorn etwas sagen, was er nicht so meint. Er hat es immer gemeint, sonst hätte er es nicht denken können, es wäre ihm nicht in den Sinn gekommen.

Er kann nur meinen: »Ich hätte das nicht herauslassen sollen« oder »Ich hätte es nicht so übertrieben sagen sollen«.

Wer sich leicht erregt, bekundet damit seine Geneigtheit zu Rechthaberei und Herrschsucht, die oft wiederum entsprechende Charakterschwächen verbergen soll.

Wer auf seinem Recht beharrt, ist sich gar nicht so sicher, sonst brauchte er nicht so zu beharren.

Wird jemand in der Erregung unsachlich, zeigt er, daß er seiner Sache nicht sicher ist, auch wenn er in der Erregung übertreibt. Läßt der Zorn jemanden erblassen, kann man damit rechnen, daß er jetzt losschlägt.

Auch welche Schimpfworte jemand im Zorn benutzt, ist dekuvrierend. Im Grunde genommen meint er mit ihnen sich selbst. Er sagt sie nämlich nur, weil er sie denken und empfinden kann. Sonst gehören sie nicht zu seinem Wortschatz und seinen Empfindungen, er kann nichts damit anfangen.

Er weiß zwar, was das ist, aber in einem erregten Moment fällt es ihm nicht ein. Es fällt ihm nur ein, weil es ihn im Grund seines Herzens bewegt und ihn angeht.

Streß - die Bewältigung von Streß

Durch unsere Umwelt sind wir Menschen in der heutigen Zeit oft überfordert.

Wie zeigt sich dieser Zustand?

Alles Leben dieser Erde unterliegt dem Gesetz der Polarität. Ohne die Polarität kann es keine Einheit geben.

Am deutlichsten an uns selbst erkennen wir die Polarität an unserem Atem. Wir können nicht einatmen, ohne auch auszuatmen. Dieser Rhythmus gehört zusammen, und so überträgt sich dieses Beispiel auf alle Bereiche unseres Lebens.

Unser Körper ist so geschaffen, daß er nur in einem Rhythmus von Spannung und Entspannung optimal funktionieren kann. Ist dieser Zustand durch Umwelteinflüsse, Kummer und Sorgen, aber auch durch ständige Ablenkungen wie z.B. zu oft Fernsehen, übermäßiger Alkoholgenuß, zuviel Nikotin, wenig Schlaf usw. gestört, kommt der Körper aus dem Gleichgewicht.

Es kann keine Entspannung mehr stattfinden, und der Körper streikt durch Krankheitssymptome, wie z.B. Kopfschmerzen, nervöse Störungen, Schlaflosigkeit und vieles mehr.

Wichtig für den Menschen ist die Erkenntnis, daß der Körper der Polarität unterliegt, d.h., einem Rhythmus, genau wie die Natur.

So kann sich der Mensch z.B. gegen Schlaf nicht wehren. Er braucht den Schlaf, weil er mit zur Polarität seines Körpers gehört.

Wenn wir unsere Entwicklung als Mensch zurückverfolgen, nur einmal 100 Jahre zurückdenken, müssen wir feststellen, daß der Mensch durch die tägliche Arbeit auf dem Feld, auch aufgrund der Tatsache, daß die Technik noch lange nicht so weit war wie heute, daß es z.B. kein Licht gab, seine Polarität, also seinen Rhythmus der Spannung und Entspannung unbewußt eingehalten hat.

Abends, nach getaner Arbeit, saß man gemütlich zusammen, und es wurde gesponnen, gespielt, erzählt usw.

Wenn es dann Nacht wurde, ging man zu Bett und morgens, mit dem ersten Hahnenschrei wurde aufgestanden.

Der Körper fand nachts die natürliche Ruhe und Erholung.

Heute ist alles anders geworden.

Die Technik hat Einzug gehalten, und der Mensch hat tagsüber oft nur mechanische Bewegungen auszuführen.

Abends wird dann meist zur Ablenkung von des Tages Lasten der Fernsehapparat eingeschaltet, um sich von außen ablenken zu lassen.

Man geht dann zu Bett - der kommende Tag sieht ähnlich aus. Eine andere Situation: der streßgeplagte Manager arbeitet Tag und Nacht, durch starken Kaffee und Zigaretten hält er sich wach. Der natürliche Kreislauf kann ebenfalls nicht stattfinden, weil es zu keiner Entspannung kommt. Dies alles geht so lange gut, bis der Körper, das Instrument unserer Seele, zu streiken anfängt.

Das ist für uns der Augenblick, in dem wir erkennen müssen, daß die Zeit gekommen ist, uns diese Tatsachen bewußt zu machen und einmal etwas für uns zu tun.

Jeder von uns muß erkennen lernen, was für ihn übermäßiger Streß ist, d.h., wann er die Grenzen seiner Anpassungsfähigkeit überschreitet.

Oder, was zu geringer Streß ist, d.h., wenn jemand unter einem Mangel an Selbstverwirklichung (Langeweile, körperliche Unbeweglichkeit) leidet.

Überarbeitet zu sein ist genau so schlecht, wie frustriert zu sein durch Unfähigkeit, uns selbst zu verwirklichen.:

übermäßiger Streß
(Hyperstreß)

guter Streß (Eustreß) — STRESS — schlechter Streß (Distreß)

zu geringer Streß
(Hypostreß)

Ziel ist es also, ein Gleichgewicht zwischen den destruktiven Kräften herzustellen, soviel Eustreß wie möglich zu finden und den Distreß möglichst gering zu halten.

Wir werden ständig mit neuen Wegen zur Bewältigung des Lebens konfrontiert.

Gewöhnlich genügt es nicht zu sagen: entspanne Dich und enthalte Dich anstrengender Aktivitäten.

Viele haben den unwiderstehlichen Drang, sogar beim Spiel, in Form von Herausforderung, Wettbewerb und ähnlichem, Streß zu suchen.

Eine andere Person, die unter Druck steht, macht häufig die Erfahrung, nur das Gefühl zu haben, ihre Zeit zu verschwenden, wenn sie Freizeitaktivitäten nachgeht.

Nicht jeder kann spielen oder sich an den passiven Erlebnissen wie Musik oder Lesen erfreuen.

Wenn hochgradig motivierte Menschen für ihre angestaute Energie kein Ventil innerhalb der Arbeit finden, die sie als guten Streß in Form von Spiel erleben, wenden sie sich Drogen, Gewalttätigkeiten und anderen Aktivitäten zu.

Rauchen, Alkohol und Essen helfen, Distreß (schlechten Streß) bei denjenigen zu beheben, die unter nervöser Erregung leiden.

Das Problem ist, daß diese Hilfsmittel - ihrer Suchttendenz wegen - selbst dazu neigen, zu Problemen zu werden.

Die unterschiedlichsten Arten von Therapien werden eingesetzt, um die Wirkung des schlechten Streß abzubauen. Dazu gehören Bewegung, Sauna, warme und kalte Bäder. Entspannungstherapien haben dagegen keinen Wert für die Bekämpfung von Hypostreß, also zu geringem Streß.

Das vegetative Nervensystem

Das vegetative Nervensystem, auch autonomes Nervensystem, ist für alle lebensnotwendigen Funktionen, wie Atmung, Kreislauf, Stoffwechsel, Verdauung und Sexualität zuständig.

Es reguliert diese und paßt sie den jeweiligen entsprechenden Situationen und Bedürfnissen an. Es arbeitet - seinem Namen folgend - autonom = selbständig, ist also nicht von unserem Willen abhängig.

Lange Zeit war man der Meinung, das vegetative Nervensystem sei nur medikamentös zu beeinflussen.

Erst durch die Erfahrungen mit dem Autogenen Training und anderen Entspannungsmethoden konnte man deren positive Beeinflussung wissenschaftlich nachweisen.

Es gibt eine enge, wechselseitige Beziehung zwischen seelischen Prozessen und dem vegetativen Nervensystem.

Jeder emotionale Zustand - wie Freude, Ärger, Leid usw. - löst eine fast gesetzmäßige Reaktion aus und, damit verbunden, eine Veränderung der vegetativen Funktionen.

Wir kennen den sog. »Angstschweiß«, eine durch Angst ausgelöste Überproduktion der Schweißdrüsen.

Bei Freude dagegen kommt es zu stärkerer Durchblutung der Gesichtshaut, die durch die Erweiterung der Blutgefäße möglich wird.

Das vegetative Nervensystem wird noch einmal unterteilt in das »sympathische« und das »parasympathische«.

Diese beiden sind Antagonisten, d.h., sie stehen in ihren Auswirkungen im Gegensatz zueinander.

Bei Streß und Erregungszuständen (freud- oder leidvollen) wird das sympathische und das parasympathische Nervensystem angesprochen, der Sympathikus und der Parasympathikus. Die Aktivierung des einen führt zwangsläufig zu einem Reagieren des anderen.

Der Sympathikus fördert »augenblickliche« Arbeitsleistungen, er mobilisiert im Sinne der Selbsterhaltung in der Auseinandersetzung mit unserer Umwelt die notwendigen Energien.

Der Parasympathikus dient allen Vorgängen der Erholung und des Aufbaus. Alle Organe des Körpers stehen in enger Verbindung mit dem vegetativen Nervensystem, dem sympathischen wie auch dem parasympathischen.

Die Nervenzentren liegen im verlängerten Mark und Mittelhirn. Es sind die Umwandlungsstellen, die sich in Organen und im Rückenmark befinden und mit den Zentren des Gehirns verbunden sind.

Erregungen gelangen über Nervenbahnen zu den Steuerzentren. In diesen Nervenzentren entsteht ein Bild vom jeweiligen Zustand des ihm unterstellten Organs.

Die Steuerungszentren beeinflussen durch den Sympathikus und den Parasympathikus die Organfunktionen, so daß die günstige Anpassung an die jeweilige Situation erfolgt.

Für das vegetative Nervensystem sitzt das oberste Steuerungszentrum im Zwischenhirn.

In Streß-Situationen ist die normalerweise harmonische Abstimmung der beiden Antagonisten Sympathikus und Parasympathikus gestört und das Nervensystem stellt auf »Alarm« um. Es kommt zu schädigenden Überproduktionen der Organe.

Menschen reagieren auf die gleiche Streß-Situation oft extrem unterschiedlich, was meist auf ihre Erbanlagen zurückzuführen ist.

Der Sympathiko-Toniker

Er wird bei Schreckensnachrichten (akutem Streß) spontan hochspringen, reagieren, im Gegensatz zum Vagotoniker, der diese Nachricht gelassener hinnimmt und sitzenbleibt.

Der Sympathiko-Toniker neigt zu Unruhe, Nervosität, Unbeherrschtheit und Gereiztheit. Er neigt zu Bluthochdruck, leidet oft unter Kopfschmerzen. Er findet sich häufig in einem Zustand von starker Anpassung (Streß), auch wenn ihm das gar nicht bewußt ist.

Der Vagotoniker

Er reagiert auf Streß oft in Form von Blutleere im Gehirn. Das kann sich bis zu starker Benommenheit oder zu einer leichten Ohnmacht steigern.

Er ist anfälliger für Erkrankungen im Magen-Darm-Bereich. Nach außen wirkt er allerdings ruhig und beherrscht.

Der Baumtest

Nehmen Sie ein Blatt Papier, und zeichnen Sie einen Baum.

Auswertung
Sie teilen den Baum gedanklich in drei Teile:
- Wurzeln
- Stamm
- Krone

Die Wurzeln stellen den Zugang zum Unterbewußtsein dar,
der Stamm stellt das Bewußtsein dar,
die Krone ist das Überbewußtsein, der geistige Teil.

Aus der Zeichnung, die spontan erfolgen sollte, können Sie ersehen, wie die Bereiche bei Ihnen verteilt sind.

- Blätter = Gefühle
- Äste = Halt
- Früchte = Erfolge und Ergebnisse Ihrer Arbeit

Sehen Sie, was deutlich im Vordergrund ist: Ist der *Stamm* im Vordergrund, sind Sie sehr selbstbewußt und selbstsicher.

Ist die *Krone* begrenzt, begrenzt sich Ihr Wirken auf einen bestimmten Bereich.

Hat Ihr Baum detaillierte Ä*ste und Blätter:* Sie sind sehr feinsinnig und detailliert im Denken, Fühlen und Handeln. Sind die Äste und Blätter nicht detailliert: Hier herrschen Kraft und Aktivität vor.

Aus diesem einfachen Test wissen Sie schon, was bei Ihnen noch ausgearbeitet werden muß, wo Sie Ihre Energie einsetzen müssen.

Der Dörfli-Test

Notieren Sie sich auf der Rückseite eines Blattes untereinander folgende Begriffe:

Fabrik, Schloß, Kirche, Friedhof, Rathaus, Schule, Bahnhof, Gefängnis, Krankenhaus, eigene Wohnung.

Dann zeichnen Sie auf der Vorderseite des Blattes die Gebäude nach obigen Begriffen.

Die Gebäude müssen nicht schön und genau sein. Sie können auch einen Lageplan wie einen Stadtplan von oben skizzieren.

Auswertung

- Fabrik	:	Geld, Arbeit
- Schloß	:	Wünsche
- Kirche	:	Religion, Ethik, Moral
- Friedhof	:	Bezug zum Tod, Wandlung
- Rathaus	:	Bezug zur Norm, Tradition
- Schule	:	Bezug zum Lernen
- Bahnhof	:	Verbindung zur Außenwelt
- Gefängnis	:	Bezug zur Innenwelt
- Krankenhaus	:	Gesundheit
- Eigene Wohnung	:	eigener Standort

Wenn Sie mit Ihrer Zeichnung fertig sind, teilen Sie das Blatt durch zwei senkrechte und zwei waagrechte Linien in jeweils neun gleiche Teile. Schreiben Sie dann an den Rand des

linken Feldes	:	Vergangenheit
mittleren Feldes	:	Gegenwart
rechten Feldes	:	Zukunft
oberen Feldes	:	Überbewußtsein
mittleren Feldes	:	Bewußtsein
unteren Feldes	:	Unterbewußtsein

Wir können das ganze Blatt gedanklich in zwei Hälften teilen:
- Der obere Bereich ist der geistige Bereich
- Der untere Bereich ist die materielle Ebene

Jetzt können Sie prüfen, in welchen Bereich Sie ihre Gebäude gezeichnet haben. (Vergangenheit, Gegenwart, Zukunft?)

Wie differenziert haben Sie die einzelnen Dinge ausgearbeitet, welches Gebäude haben Sie besonders ausgearbeitet? Hat der Bahnhof Schienen? Wo führen sie hin? Schauen Sie, was Sie in der Vergangenheit haben; das ist erledigt, wird nicht mehr aktiviert. Was ist in der Gegenwart? usw...

Beispiele

- Keine Schienen am Bahnhof: keine Verbindung zur Außenwelt

- Führen die Schienen vom Bewußtsein zum Überbewußtsein? Aus der Vergangenheit zur Gegenwart?

- Wohnung im Schloß: der Standort sind die eigenen Wünsche

- Krankenhaus in der Gegenwart: bewußte Auseinandersetzung in der Gegenwart mit der Gesundheit

- Bahnhof im Überbewußtsein: Verbindung mit der Außenwelt im geistigen Bereich.

- Bahnhof im Überbewußtsein ohne Schienen: Verbindung ist bis jetzt noch ein geistiger Standort, Verbindung muß noch hergestellt werden.

- Bahnhof im Unterbewußtsein in der Zukunft: Verbindung zur Außenwelt unbewußt, aber noch keine Verbindungswege.

- Bahnhof im Überbewußtsein, Schienen von Vergangenheit bis

Zukunft: Verbindung zur Außenwelt findet geistig statt, Verbindungswege sind da, aber geistiger Art.

- Kirche und Friedhof in der Zukunft: Bezug zum Tod ist in die Zukunft verschoben, kommt später. Religion, Ethik, Moral: Auseinandersetzung mit diesen Fragen kommt erst in der Zukunft, oder wenn diese Themen jetzt schon berührt werden, kommt die Auseinandersetzung zukünftig verstärkt.

- Wohnung in der Zukunft: der eigene Standort ist in der Zukunft. »Ich bin noch nicht der, der ich sein will. ich identifiziere mich mit dem, der ich sein werde«.

- Zeichnung im Querformat: es ist eine breite Basis da, der Mensch will nicht hoch hinaus.

- Zeichnung im Hochformat: mehr geistig ausgerichtet, aber schmale Basis.

- Sind Straßen (= Verbindungen) da? Wohin führen sie?

- Standort in der Vergangenheit: Sie denken zurück, leben aus der Erinnerung.

- Schloß halb in der Gegenwart, halb in der Zukunft: geistige Wünsche in der Gegenwart, die bis in die Zukunft reichen.

- Schloß halb im Überbewußtsein in der Zukunft: geistige Wünsche, die von der Gegenwart in die Zukunft reichen.

- Fabrik im Unterbewußtsein: Geld und persönlicher Erfolg muß noch kommen, keine bewußte Auseinandersetzung damit.

- Fabrik in der Zukunft: materieller Bereich, Geldverdienen, Erfolg.

- Schloß im Überbewußtsein, in der Zukunft: geistige Wünsche für die Zukunft.

- Gefängnis im Überbewußtsein in der Zukunft: Sie werden sich noch mit dem Bezug zur Innenwelt, und zwar geistig, auseinandersetzen.

Sie können die beiden Tests auch in ein paar Monaten noch einmal machen, wenn Sie sich nicht selbst betrügen. Lassen Sie Ihr Inneres projizieren.

Schauen Sie Ihr Blatt an und sehen Sie, welcher Baum dorthin möchte, wie die Gebäude verteilt werden möchten.

Lassen Sie das Blatt auf sich wirken. Malen Sie nicht einen Idealbaum mit großen Blättern und vielen Früchten usw..., sondern, was Sie zur Zeit sehen.

Es handelt sich dabei um eine Aussage über Ihre momentane Situation, die sich wieder ändern kann.

Sie können aus der Aussage Ihre Schwächen ersehen und erfahren, woran Sie noch arbeiten müssen.

Überbewußtsein	=	geistig
Bewußtsein	=	halb geistig, halb materiell
Unterbewußtsein	=	materiell

Bewußtseinsübung

Sie sitzen still und lassen Ihr Bewußtsein schrumpfen (das Bewußtsein kleiner machen und zurückgehen ist einfacher als der Schritt nach vorn).

Stellen Sie sich vor, Ihr Bewußtsein füllt Ihren Körper aus und Sie nehmen jetzt Ihr Bewußtsein zurück, ganz langsam, es wird immer kleiner, immer kleiner, engt sich ein, bis Sie Ihr Bewußtsein in einem Punkt zusammengenommen haben.

Ihr Körper ist jetzt ganz groß außenherum und Ihr Bewußtsein ist ganz klein, es besteht vielleicht sogar nur noch aus einem Punkt. Jetzt dehnen Sie das Bewußtsein wieder aus. Ausdehnen, bis Sie Ihren Körper wieder ganz ausfüllen, und mit einem sanften Ruck gehen Sie in der Ausdehnung weiter über die Grenze Ihres Kopfes hinaus und füllen den ganzen Raum aus.

Sie fühlen, nehmen alles wahr. Sie sind überall im Raum. Dann nehmen Sie sich wieder zurück auf die Körpermaße. Dann werden Sie wieder ganz klein und gehen anschließend noch einmal ganz heraus aus Ihrem Körper.

Wenn Sie das ein paarmal gemacht haben, dehnen Sie sich über die Grenze des Raumes hinaus aus.

Nehmen Sie wahr, was auf der Straße geschieht. Heben Sie sich über das Haus, gehen Sie weiter.

Wenn Sie das ein paarmal gemacht haben (zusammengenommen und ausgedehnt), können Sie sich einmal im Bewußtsein in sich drehen, im Körper.

Sie liegen auf dem Rücken und drehen sich in sich oder »schwabbeln« zunächst so hin und her, bis Sie sich lösen und bis Sie sich in sich drehen können.

Obwohl Ihr Kopf nach vorne zeigt, zeigt dann Ihre Nase nach hinten (die Nase Ihres Geistkörpers).

Sie blicken nach hinten. Wenn Sie das können, stützen Sie sich ab; hier erschrecken die meisten Leute, weil sie sich selbst vor sich sehen. Erschrickt man, ist alles vergeblich, dann muß man wieder von vorne anfangen.

Wenn Sie das dann wissen, können Sie sich aus Ihrem Körper herausstützen. Dann stehen Sie auf einmal in Ihren Füßen und sind noch in Ihrem Körper. Ihr Körper liegt vor Ihnen auf dem Rücken, hat die Augen geschlossen, und Sie stehen da und steigen, wenn Sie wollen, mit den Füßen aus Ihrem Körper heraus und sehen Ihren Körper liegen.

Es ist ein ungeheures Gefühl, sich einmal dreidimensional vor sich liegen zu sehen und zu wissen: »Ich bin das ja gar nicht mehr, ich bin ja hier. Aber ich sehe ja, daß ich bin. Gibt es mich zweimal? Nein, das ist meine Hülle, und ich bin mein Bewußtsein.«

Dann kann ich aus dem Körper herausgehen, und sobald ich dann denke: »Jetzt kann ich mich ja bewegen, jetzt bin ich von der Last des Körpers befreit und auch nicht mehr an die Grenze des Körpers gebunden« - dann genügt es zu denken und man schwebt an die Decke. Wie ein Luftballon schweben Sie an die Decke und stoßen sanft an die Decke an. Nun sehen Sie sich von oben. Sobald Sie jedoch erschrecken oder einen plötzlichen Gedanken denken, sind sie in Null-Zeit wieder in Ihrem Körper und müssen wieder von vorne anfangen.

Wenn Sie dann weitergehen wollen bis zur Astral-Reise, gehen Sie einmal kurz durch eine Wand. Gehen Sie jedoch nicht gleich durch, sondern kratzen Sie mit dem Finger an der Wand. Erwarten Sie aber, daß Sie hindurchgehen. Sie wissen ja, so mit Ihrem Körper geht das nicht. Das ist ein gutes Instrument um zu testen, ob Sie nicht nur halluzinieren, sondern ob Sie wirklich da sind. Strecken Sie einmal Ihren Arm durch die Wand. Wenn Sie davor Angst haben, spüren Sie wie Sandpapier Kratzer am Arm (anfangs hat man meistens noch Angst, weil der Vorgang so ungewohnt ist), das ist ein bißchen unangenehm.

Es ist ja nur das falsche Bewußtsein: »Jetzt muß doch etwas da sein« und dann ist auch etwas da.

Wenn Sie das ein paarmal gemacht haben, gehen Sie durch die Wand wie durch die Luft. Sie können dann auch mit dem Körper ganz durch, auch durch Türen und Wände.

Noch ein Punkt, der zu trainieren ist: durch eine Scheibe gehen.

Versuchen Sie es erst mit dem Finger, denn die Scheibe kratzt länger, auch wenn Sie schon durch die Wand gehen können. Später können Sie auch durch die Scheibe leicht hindurch.

Erschrecken Sie bitte nicht, wenn Sie durch die Scheibe durch sind. Sie sind dann vielleicht im 3. Stock, 10 Meter über der Straße. Wo immer Sie sind, Sie sehen plötzlich etwas, was Sie normalerweise nicht sehen, da Sie sonst nicht 10 Meter über der Straße gehen.

Bitte unterscheiden Sie die Zustände sehr deutlich, so daß Sie nicht in Versuchung kommen, es auch im Wachzustand zu versuchen. Das ist nicht ratsam, weil es eben mit dem Körper nicht gehen kann.

Die nächste Überraschung: Sehr oft ist jemand dort, d.h., es wartet jemand auf Sie hinter der Scheibe. Der spricht nicht mit dem Mund, und trotzdem verstehen Sie ihn. Manchmal sind es mehrere, meistens aber einer. Gehen Sie mit ihm und sprechen Sie telepathisch in der Universalsprache (Sie können das ohne Körper sehr leicht) mit ihm, ohne ihn anzuschauen oder indem Sie ihn anschauen, das ist ganz gleich, seine Lippen bewegen sich nicht. Sie hören ihn aber oder nehmen wahr, was er sagt, und er nimmt wahr, was Sie denken.

Sie können sich von ihm in die astralen Bereiche hineinführen lassen.

In diese Bereiche sollte man nur mit Führung hineingehen, weil das gefährlich sein kann.

Wenn Sie dann wirklich weiter herausgehen, vergessen Sie nicht, Ihren Körper zu schützen, d.h., in ein Lichtkleid zu hüllen. Imaginieren Sie also, wenn Sie den Körper verlassen: Ihr Körper liegt vor Ihnen. Jetzt: Licht!

Hüllen Sie diesen Körper in ein ganz dichtes Kleid aus Licht. So wie Sie Ihre Wohnung abschließen, bevor Sie in den Urlaub fahren oder verreisen, so schließen Sie auch Ihren Körper ab. Verlassen Sie ihn dann.

So können Sie sich in Ihrer Stadt astral bewegen ohne Führer.

Nur wenn Sie darüber hinaus in eine andere, in eine astrale Ebene gehen wollen, dann sollten Sie das mit Führer tun.

Das ist eine großartige Übung um zu erkennen, daß wir reines Bewußtsein sind und daß dieses Bewußtsein keine Grenzen hat.

Wir nehmen nur die Grenzen an, die der Körper kennt, und dadurch sind sie für uns verbindlich. Tatsächlich jedoch gibt es diese Grenzen nicht.

Haben wir unser Bewußtsein entwickelt, dann können wir feststellen, daß der Körper ein Werkzeug ist, der allerdings die Gestalt unseres Bewußtseins annimmt, unser Sein widerspiegelt.

In unserem Körper drückt sich unser tatsächliches geistiges Sein aus.

Selbsterkenntnis

1. Frage: Was ist Ihr größtes Problem?

Definieren Sie es und finden Sie Lösungsmöglichkeiten. Heute, jetzt und hier.

Vielleicht haben Sie kein größtes Problem, sondern ein paar kleinere. Schreiben Sie die Probleme auf. Welche Schwierigkeiten sehen Sie vor sich?

Es gibt keine Probleme! Das, was wir dafür halten, sind Schwierigkeiten.

Schreiben Sie alles auf, was Sie in Ihrem Leben stört, definieren Sie genau!

Setzen Sie Prioritäten (Eigenschaften, Umwelt, Mitmenschen, Arbeit, Alter, Gesundheit usw.)

Wichtig: lassen Sie sich Zeit, wenn man es richtig anfängt, ändert das das Leben.

Die Probleme zuerst aufschreiben und nachher nach Schwierigkeiten ordnen ist einfacher, als zuerst schwierige Probleme aufzuschreiben.

Gegenprobe: Gründe, warum ich glücklich bin.

Schreiben Sie das auf einen anderen Zettel.

Man neigt dazu, immer auf das zu sehen, was im Moment nicht in Ordnung ist. Die hundert Dinge, die in Ordnung sind, sehen wir nicht mehr, eben weil sie in Ordnung sind.

2. Frage: Was möchten Sie in Ihrem Leben ändern?

Schreiben Sie alles auf, was Sie gerne ändern wollen.

Zu den 10 Gründen, warum Sie glücklich sind, schreiben Sie auch die Motivationen (warum macht Sie etwas glücklich?). Sie müssen sich klar werden über das, was Ihnen bestimmte Dinge, Menschen und Umstände geben.

Sie können noch weiter gehen: Schreiben Sie sich auf: »Was würde ich tun, wenn ich drei Wünsche frei hätte?«

Was damit gesagt sein soll, ist folgendes:

Man kann mit den richtigen Fragen im Selbstgespräch auch ohne Berater automatisch zu den richtigen Antworten kommen. In kurzer Zeit kann man ein solches Problem in allen Details abgeklärt haben.

Wenn Sie eine solche Schwierigkeit haben, geben Sie sich die Zeit und beraten Sie sich selbst.

Stellen Sie sich vor, Sie sind Lebensberater. Alles was Sie wissen, kommt aus dem reichen Schatz Ihrer Erfahrungen. Sie haben bei sich eine Stunde Zukunftsberatung oder wo immer das Problem sonst liegt, gebucht.

Fragen Sie sich, wie es ein Berater tun würde, und führen Sie ein richtiges Gespräch zwischen Berater und Klient. Schreiben Sie alles nieder.

Spielen Sie die Rolle des Beraters und des Klienten und fragen und antworten Sie.

Sie werden entdecken, daß Sie plötzlich Antworten haben.

So klären Sie mit Fragen ab, engen ein, bis es nur noch eine Entscheidung gibt. Haben Sie keine Angst vor dem großen Schritt. Tun Sie diesen großen Schritt im Geiste, aber da in allen Einzelheiten.

So schlüpfen Sie geistig immer weiter in Ihre neue Rolle und klären die Unsicherheiten ab, bis Sie genau wissen, was Sie erwartet.

Wenn Sie die richtigen Fragen gestellt haben, besitzen Sie alle Antworten, ohne etwas riskiert zu haben.

Was ist ein Problem?

Ein Problem ist immer eine Schwierigkeit, für die es keine Lösung gibt. Da es Schwierigkeiten ohne Lösungen nicht gibt, kann es keine Probleme geben.

Was ist eine Schwierigkeit?

Eine Schwierigkeit liegt niemals außen, sondern immer in der eigenen Einstellung. Die Umstände, Dinge und Menschen sind wie sie sind, sind also keine Schwierigkeit. Die Schwierigkeit resultiert aus der eigenen Einstellung dazu: dann nämlich, wenn man die Dinge, Umstände oder Menschen gerne anders hätte als sie sind, diese sich aber nicht ändern.

Man kann jede Schwierigkeit ohne Ausnahme lösen, indem man seine Einstellung ändert.

Die geistigen Gesetze

1. Das Gesetz der Harmonie

(Das geistige Grundgesetz)

Dieses Gesetz gleicht die verschiedenartigen Wirkungen aus und sorgt so dafür, daß die Harmonie stets erhalten bleibt oder doch so schnell wie möglich wiederhergestellt wird. Aus ihm lassen sich alle anderen Gesetze ableiten - sie sind in ihm enthalten.

2. Das Gesetz des Karma

(Sanskrit - Das Geschaffene)

Jeder Mensch ist Schöpfer, Träger und Überwinder seines Schicksals. Jeder Gedanke, jedes Gefühl und jede Tat ist eine Ursache, der eine Wirkung folgt. Jede Wirkung entspricht in Qualität und Quantität der Ursache. Es gibt daher weder Zufall noch Belohnung oder Strafe, sondern nur Ursache und Wirkung.

3. Das Gesetz der Resonanz

(Lateinisch: resonare - zurückklingen)

Gleiches zieht Gleiches an und wird durch Gleiches verstärkt. Ungleiches stößt einander ab. Das Stärkere bestimmt das Schwächere und gleicht es sich an. Angst zieht also an, was wir befürchten. Unser Verhalten bestimmt unsere Verhältnisse.

4. Das Gesetz der Fülle

Jeder kann von der Fülle nur in dem Maße empfangen, wie er selbst zum Kanal wird, durch den die Fülle fließt. Zum Kanal werde ich, indem ich alle, auch unbewußte Gedanken an Mangel und Begrenzung auflöse. Denn wer da hat (diese Erkenntnis), dem wird gegeben, wer aber nicht hat, dem wird genommen werden.

5. Das Gesetz der Gnade

Es ist das unverlierbare Recht des Menschen, jederzeit aus der Unwissenheit herauszutreten in das Licht der Erkenntnis und sein geistiges Erbe der Vollkommenheit anzutreten, indem er sie in sein Bewußtsein nimmt.

6. Das Gesetz der Vergebung

Wem Du vergibst, was er wider Dich getan hat, dem ist diese Schuld vergeben. In dem Maße, wie wir unseren Schuldnern vergeben, in dem Maße wird auch uns vergeben.

7. Das Gesetz der Entsprechung

(Das Analogiegesetz)

Wie oben, so unten wie innen, so außen; wie im Größten, so im Kleinsten. Für alles was ist, gibt es auf jeder Ebene des Seins eine Entsprechung. Schicksal ist weder unerforschlicher Ratschluß Gottes noch blinder Zufall. Es ist vielmehr das denkbar gerechteste Gesetz. Es lautet:«Jeder bekommt das, was er verursacht«.

Das Gesetz des KARMA

1. Jeder Mensch muß so lange inkarnieren, bis er die Wirkung aller von ihm gesetzten Ursachen erlebt und damit das Gesetz von der Erhaltung der moralischen Energie erfüllt hat.

2. KARMA entsteht nur durch »Eigenwilligkeit«. Jeder Mensch kann sich nur dadurch von KARMA befreien, daß er nicht mehr aus sich heraus will (Dein Wille geschehe) und nur als Werkzeug des Schicksals handelt.

Die 7 Schritte zur Problemlösung

Erster Schritt

Konfrontation mit dem Problem und exakte Definition des Problems und Ihres Zieles

(In der richtigen Frage liegt meist schon die Antwort)

Zweriter Schritt

Alle Möglichkeiten gründlich durchdenken.

(Was würde ich einem anderen mit dem gleichen Problem empfehlen?)

Dritter Schritt

Keine Ausrede gelten lassen.

Nie mehr sagen: »Ich kann das nicht, ich bin unfähig, ich bin zu schwach, ich habe zuwenig Geld/Zeit.«

Ändern Sie Ihr Bild von sich. (Ich bin eine erfolgreiche Persönlichkeit)

Geben Sie sich positive Suggestionen. (Ich konzentriere mich immer ganz auf das, was ich gerade tue. Ich erreiche sicher jedes gesteckte Ziel. Ich meistere souverän jede Situation).

Geben Sie sich eine ganz neue Einstellung zu Problemen. Erkennen Sie, daß es der Zweck des Lebens ist, uns immer wieder mit Schwierigkeiten zu konfrontieren und daß es der Sinn des Lebens ist, diese Schwierigkeiten optimal zu meistern und daran zu wachsen und zu reifen.

Vierter Schritt

Die besten Lösungsmöglichkeiten praktisch erproben. Falls es unter den gegebenen Umständen keine Lösung gibt, fragen Sie sich:

- Unter welchen Umständen gäbe es eine Lösung?
- Wie schaffe ich diese Umstände?

Fünfter Schritt

Erprobte Pläne immer wieder nutzen. (Das Leben stellt uns immer wieder vor ähnliche Aufgaben)

Sechster Schritt

Probleme lösen oder Mißerfolg erkennen.
- Fragen, warum hat es so nicht geklappt?
- Beginnen Sie wieder mit Schritt 1.

Siebter. Schritt

Den ersten Schritt zur Lösung JETZT tun.
(Erst kommt das Dienen, dann das Verdienen)

Die drei Schlüssel für den Weg, sich nie mehr zu ärgern!

Erster Schlüssel:

Es ist falsch, wenn wir denken, wir MÜSSTEN uns über dieses oder jenes ärgern. In Wirklichkeit ist dies unsere freie Entscheidung. Wir vermeiden die Zwangsläufigkeit des Ärgerns, indem wir dem anderen sein Verhalten verzeihen, und zwar bevor wir anfangen, uns zu ärgern. Natürlich dürfen wir ihm sein Verhalten auch vergelten. Wir dürfen alles tun, was uns schadet, aber warum sollten wir das?

Erkennen wir ganz klar, daß niemand auf der Welt die Macht hat, uns zu ärgern, nur wir selbst, und indem wir verzeihen, erübrigt sich der Ärger.

Zwieter Schlüssel:

Wir ärgern uns, weil die Realität nicht mit unseren Erwartungen übereinstimmt. Nun können wir uns natürlich bemühen, die Realität unseren Erwartungen anzupassen, das wird aber nicht immer möglich sein. Aber es ist immer möglich, unsere Erwartungen aufzulösen. Sobald wir keine Erwartungen mehr haben, kann sich die Realität mit nichts mehr in uns reiben und kollidieren - wir sind frei von Ärger. Wir sind dann auch nie mehr enttäuscht, beleidigt, verletzt, gekränkt und nie mehr aggressiv.

Dritter Schlüssel:

Wir fragen nicht mehr danach, WER uns geärgert hat, sondern nur noch WAS uns geärgert hat, wenn uns wirklich doch noch einmal etwas ärgern sollte. Dadurch bleibt der Kontakt zum anderen ungetrübt, weil der Ärger nicht mehr persönlich aufgefaßt wird.

Wir sprechen miteinander und sind bereit, den anderen anzuhören und den Ärger aus der Welt zu schaffen.

Wenn uns wirklich noch einmal etwas ärgert, dann erinnern wir uns, daß dies ein vorübergehender Zustand ist. Anstatt uns aufzuregen, nutzen wir die Kraft und Zeit, um die Dinge in Ordnung zu bringen.

Fahrplan zum Erfolg

Erfolg ist das, was erfolgt, wenn ich richtig denke und handle!

1. Zielklarheit
- genau bestimmen, was erreicht werden soll
- erkennen, daß Erfolg nicht nur Geld bedeutet, sondern Freunde, Glück, Gesundheit, geistige Erkenntnis usw.

2. Motivation
- will ich das wirklich?
- warum will ich das?
- was bin ich bereit, dafür zu tun?
- reicht das aus, um das Ziel sicher zu erreichen?

3. Prioritäten setzen
- klare Reihenfolge der Teilziele festlegen

4. Konzentration auf das Wesentliche
- die stärkste Kraft auf den schwächsten Punkt richten

5. Ein klares Bild des erwünschten Endzustandes schaffen
- präzise Gedankenformen schaffen in Wort und Bild
- mit Wunschkraft aufladen und wiederholen bis zum Erfolg

6. Selbsterkenntnis
- klar die eigenen Möglichkeiten und Grenzen erkennen

7. Problemklärung
- habe ich überhaupt ein Problem oder eine falsche Einstellung zu den Umständen - oder bin ich das Problem?

8. Die inneren Voraussetzungen schaffen
- Gedankendisziplin, Selbstbeherrschung, innere Harmonie

9. Die Zeitqualität beachten

- die individuelle Leistungskurve erkennen und bei der Arbeitsteilung beachten

10. Sich geistig und körperlich fit halten

- immer weiter lernen, regelmäßig trainieren
- sich selbst immer anziehender machen, durch die richtige geistige und körperliche Haltung, die den Erfolg anzieht.

Die Morgenvorschau

Ich erkenne,
- daß ich diesen Tag nicht mit den Scherben von gestern beginnen möchte
- ich öffne mich ganz den Möglichkeiten, die mir dieser Tag bietet und bin bereit, mein Bestes zu geben.

Ich frage mich jeden Morgen:
- was will ich heute erreichen?
- wie erreiche ich es am besten?
- was will ich auf jeden Fall vermeiden?
- wie möchte ich mich verhalten?
- welche Situationen oder Begegnungen habe ich heute zu erwarten?

Das mentale Vorauserleben zu einem »imaginären Erfolgserlebnis« machen und damit als Programm speichern - so setze ich erwünschte geistige Ursachen.

Mehrmals täglich stelle ich mir in der Imagination vor:
- Licht und Gesundheit durchströmen mich
- Kraft und Harmonie erfüllen mich
- Was ich tue, das tue ich ganz
- Ich stelle einen Wächter vor das Tor zu meinem Bewußtsein, der nur Gutes hinein-, aber auch nur Gutes herausläßt. So wird nur noch erwünschte Zukunft verursacht und mein Leben wird immer schöner.

Ich danke immer wieder für das viele Gute, das ich schon habe, und gehe froh und sicher durch den Tag!

Die Tagesrückschau

Ich erkenne
- Das Außen ist ein Spiegelbild meiner Innenwelt, denn mein Verhalten gestaltet meine Verhältnisse.
- Gefällt mir außen etwas nicht, ist in mir etwas nicht in Ordnung, und nur dort kann ich es ändern.

Jeden Abend lasse ich den Tag noch einmal vor meinem geistigen Auge vorüberziehen und frage mich:

- Was habe ich heute gesagt und getan?
- Was davon war wichtig, was unwichtig?
- Was sollte ich erreichen?
- Was habe ich erreicht?
- Was war so richtig, was war falsch?
- Wie hätte es richtig sein sollen?

Mental umerleben und zu einem »imaginären Erfolgserlebnis« machen. Auch falsche Gefühle müssen korrigiert werden.

Psychohygiene
- Ich versöhne mich mit allen Menschen, mit denen ich derzeit nicht in Harmonie bin.
- Ich versöhne mich vor allem mit mir und nehme mich so an, wie ich derzeit noch bin, aber ich bemühe mich zu werden, wie ich sein sollte.
- Ich distanziere mich bewußt von allem Negativen, wende mich innerlich ganz dem Positiven zu und bejahe es.
- Ich erkenne bewußt, wieviel Grund ich habe, glücklich zu sein und bin dankbar dafür.

Vor dem Einschlafen lasse ich bewußt den Tag los, nachdem ich ihn so bereinigt habe, und freue mich auf Morgen!

Quellennachweis:

»Die Botschaft Deines Körpers« von Kurt Tepperwein
»Das große Lexikon der Charakterkunde« von Jean Baptiste Delacour

L e s e r s e r v i c e

Prof. Kurt Tepperwein persönlich erleben:

Wünschen Sie, tiefer in das Thema dieses Buches einzusteigen und die Chance zu nutzen, Prof. Kurt Tepperwein live zu erleben?

Wir bieten Ihnen die folgenden Seminare und Ausbildungen an:

Seminare:

- ❑ Mentalkybernetik
- ❑ Heile Dich selbst
- ❑ Perlen der Weisheit
- ❑ Erfolgreiche Praxisführung
- ❑ Erfolg-reich-sein
- ❑ Optimales Selbstmanagement
- ❑ Atman (Durchbruch zur Wirklichkeit)
- ❑ Der Tepperwein-Prozess
- ❑ Märchenhaft leben
- ❑ Ferienakademien

Ausbildungen:

- ❑ Dipl. Lebensberater
- ❑ Dipl. Intuitions-Trainer
- ❑ Dipl. Bewusstseins-Trainer
- ❑ Dipl. Seminarleiter

Heimstudiengänge:

- ❑ Dipl. Lebensberater
- ❑ Dipl. Intuitions-Trainer
- ❑ Dipl. Erfolgs-Trainer
- ❑ Dipl. Mental-Trainer
- ❑ Dipl. Seminarleiter
- ❑ Dipl. Mental-Gesundheitsberater

Gesamtprogramm:

- ❑ Gesamtseminar- und Ausbildungsprogramm der IAW
- ❑ Neuheiten der Bücher, Audio- und Videoprogramme von Prof. Kurt Tepperwein

Sie erhalten Ihre gewünschten Informationen selbstverständlich kostenlos und unverbindlich bei:

Schweiz: Internationale Akademie der Wissenschaften (IAW)
St. Markusgasse 11 · FL-9490 Vaduz
Telefon 075 / 233 12 12 · Fax 075 / 233 12 14

Deutschland: Telefon / Fax 0911 / 69 92 47 (Beratungssekretariat)

Dazu ein persönliches Geschenk: Für Ihre Anfrage bedanken wir uns mit der 20-seitigen Broschüre von Prof. K. Tepperwein „Praktisches Wissen kurz gefasst". Bei der Anforderung bitte darauf hinweisen!

ISBN 3-89845-051-1
152 Seiten, broschiert
€ [D] 12,90 / sFr 23,50

Kurt Tepperwein

Leben im höchsten Bewusstsein

Lassen Sie sich mit Gott und der auch in Ihnen wohnenden Göttlichkeit verbinden!
Denn »Leben im höchsten Bewusstsein« heißt auch: Leben in und mit Gott. Prof. Dr. Kurt Tepperwein wird Ihnen zeigen, dass Sie als Teil Gottes im eigentlichen Sinn ja auch Gott sind. Stufe für Stufe werden Sie von ihm mittels praktischer Ratschläge und Übungen zu diesen höheren Erkenntnissen geführt.
Machen Sie von Ihrer so erkannten Göttlichkeit Gebrauch, indem Sie den Willen Gottes zum Ausdruck bringen. Doch vergessen Sie nie: Es geht auch darum, Gott in allem und jedem zu erkennen und zu respektieren.

ISBN 3-89845-041-4
40 Karten in Faltschachtel
€ [D] 9,90 / sFr 19,00

Kurt Tepperwein

Die geistigen Gesetze

Die meisten Menschen betrachten das Leben als einen Kampf, aber es ist kein Kampf, sondern ein Spiel. Es ist jedoch ein Spiel, das ohne Kenntnisse der »Geistigen Gesetze« nicht erfolgreich und glücklich gespielt werden kann.
Prof. K. Tepperwein beschäftigt sich seit Jahrzehnten mit den »Geistigen Gesetzen«, mit den Schicksalsgesetzen, über die berühmte Meister und Philosophen geforscht und gelehrt haben. Aufbauend zu den Seminaren und dem Buch »Die geistigen Gesetze« hat er das kreative Kartenspiel »Die geistigen Gesetze« entwickelt. Das Kartenspiel soll Ihnen helfen, sich mehr und mehr als untrennbaren Teil des großen Ganzen zu fühlen.
Nutzen Sie also die »Spielregeln des Lebens« mit den geistigen Gesetzen als Ihren Freund und Begleiter für ein erfülltes Leben.

ISBN 3-931652-42-4
184 Seiten, broschiert
€ [D] 13,90 / sFr 25,10

Kurt Tepperwein

Das Huna-Geheimnis

Die hawaiianische Heilmagie

Kurt Tepperwein führt uns ein in die Geheimnisse der HUNA - Meditation, die es jedem Menschen ermöglicht, sein eigenes Schicksal selbst in die Hand zu nehmen und den Weg zu seinem wahren inneren Wesen zu finden und ihn auch zu gehen.
Durch sehr anschauliche Begriffe und Bilder und einleuchtende Beispiele führt der Autor uns diesen Weg vor Augen und zeigt, dass es auch für uns westliche Menschen einen Zugang zu diesem Geheimnis gibt.

ISBN 3-931652-69-6
78 Karten
€ [D] 10,90 / sFr 20,70

Dick Nijssen

Spirituelle Erkenntnis-Karten

Die Karten können Dir als Unterstützung und Bezugspunkt auf Deiner spirituellen Reise dienen.
Die beste Wirkung erzielst Du mit diesen Karten, wenn Du über das Thema, in das Du mehr Einsicht haben möchtest, mit einem oder mehreren Menschen sprichst. Wenn Du alles ausgesprochen hast, ziehst Du eine Erkenntniskarte und vertraust den anderen an, was sie tief in Dir bewegt.

ISBN 3-89845-054-6
160 Seiten, broschiert
€ [D] 9,90 / sFr 18,10

Franziska Krattinger

Erfolgsrezepte

Greife nach den Sternen, wenn du wachsen willst

Menschen leben mit ihren Gewohnheiten und sie wiederholen sich dauernd. Gewohnheiten entstehen aus fixiertem Denken. Um seine Gewohnheiten zu ändern, muss der Mensch zuerst auf andere Gedanken kommen. Andere Gedanken bringen neue Vorstellungen. Neue Vorstellungen bringen neue Lebenssituationen. Die richtige Einstellung macht jeden Menschen zum Gewinner! Franziska Krattinger hilft den Menschen, auf andere Gedanken zu kommen und so ihr Leben mit wahrer Freude, tiefer Liebe und verstärktem Bewusstsein dauerhaft zu verändern.
Ein wahrlich ideales Büchlein, das den Menschen den Weg durch den Alltag erleichtert.

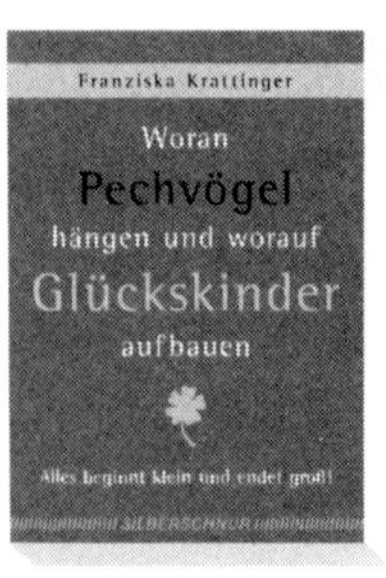

ISBN 3-89845-048-1
176 Seiten, broschiert
€ [D] 9,90 / sFr 18,10

Franziska Krattinger

Woran Pechvögel hängen und worauf Glückskinder aufbauen

Alles beginnt klein und endet groß!

Franziska Krattinger macht mit vielen Tipps auf das Glück aufmerksam! Viele Stolpersteine, genannt Gewohnheiten, verhindern das dauernde Glück. Glück ist eine bewusste Sache. Glückssache ist, wenn Menschen ihr Glück erkennen.
Dieses kleine Buch soll zum Glück vieler Menschen beitragen und mehr Glück in dieser Welt möglich machen.
Gedanken für ein glückliches Leben

ISBN 3-89845-022-8
78 Karten in Karton
€ [D] 10,90 / sFr 20,70

Berthold Gunster

JA - aber Entscheidungs-Karten

Wir alle werden tagtäglich mit kleineren und größeren Entscheidungen konfrontiert. Manchmal zweifeln oder zögern wir. Wir wissen nicht, was wir tun sollen, und wir brauchen Zeit, um über das Problem nachzudenken. Oder wir sagen „Ja, aber ...". Wir wollen etwas haben, aber wir haben Angst zu handeln. Etwas treibt uns voran, etwas anderes bremst uns. Um uns in diesen Zeiten des Zweifels zu helfen, hat Berthold Gunster seine „Ja-aber-Entscheidungskarten" geschaffen.

ISBN 3-89845-037-6
208 Seiten, gebunden
€ [D] 16,90 / sFr 30,10

Georg Schmertzing

Kraftfeld Herz

Die neue Herz-Kultur

Wir werden als Menschen erst dann eine nächste Bewusstseinsstufe erreichen, wenn wir das Herz als Zentrum des Lebens, des inneren Wissens und intuitiven Erkennens entdecken.
Vom Leitorgan Hirn, das vergeblich versucht hat, Kopf und Bauch, also Verstand und Emotion zu verbinden, heißt es jetzt endlich auf die Wesensmitte umzusteigen: Aus dem »Kraftfeld Herz« verbindend zu denken, zu fühlen und zu handeln ergibt jene neue Lebensqualität, nach der wir uns alle sehnen.
Der Autor bündelt Informationen und Fallbeispiele aus aller Welt zu einem Standardwerk, das in keiner Bibliothek fehlen sollte. Ein Kultbuch des »neuen Herzens« kündigt sich an - für Menschen, die sich für eine neue, befreite Welt entschieden haben.

ISBN 3-923781-90-3
350 Seiten, gebunden
€ [D] 19,90 / sFr 34,90

Uri Geller

Mein Wunder-volles Leben

Haben Sie schon über die Existenz dieser Phänomene nachgedacht?

Dematerialisation, Telekinese, Hellsichtigkeit, parapsychologische Beeinflussbarkeit gesellschaftlicher Ereignisse!
Von anerkannten wissenschaftlichen Instituten wurden diese Phänomene bereits bewiesen. Im Buch werden Sie aufgefordert, selbst Erfahrungen in diesem Bereich zu machen.
Sie erhalten von Geller sämtliche Hintergrundinformationen und warum die Medien sowohl an Geller als auch an einigen wissenschaftlichen Instituten Rufmord verübten.